U0891539

技能型紧缺人才培养培训教材
全国卫生职业院校规划教材

供中高职护理、涉外护理、助产、检验、药学、药剂、卫生保健、康复、口腔医学、口腔工艺技术、医疗美容技术、社区医学、眼视光、中医、中西医结合、影像技术等专业使用

社会学基础

（第二版）

主　编　孙巧玲　陈劲松
副主编　李建萍
编　者（按姓氏汉语拼音排序）
陈劲松　四川省卫生学校
陈俊峰　大连医科大学高等职业技术学院
李建萍　山西医科大学晋中学院
孙巧玲　聊城职业技术学院
闫　力　中央民族大学
赵继滨　聊城职业技术学院

科学出版社
北　京

内 容 简 介

本书是技能型紧缺人才培养培训教材及全国卫生职业院校规划教材之一,全书内容共分八章,包括绪论、人的社会化、社会群体与社区、社会分层与社会流动、社会制度与社会变迁、社会问题及社会控制、社会学调查研究方法和社会互动与社会和谐。在内容安排上,以"必需、够用"为度,努力体现实用性、可行性和创新性,力争做到符合教学规律,使教师易教、学生易学。充分体现以教师为主导、学生为主体的教学方法,采取讲授、讨论和社会调查等方法相结合以提高学生学习兴趣。本书相关 PPT 课件及目标检测参考答案可在科学出版社网站下载,供教学使用。

本书可供中高职(共用课)护理、涉外护理、助产、检验、药学、药剂、卫生保健、康复、口腔医学、口腔工艺技术、医疗美容技术、社区医学、眼视光、中医、中西医结合、影像技术等专业使用,也可作为培训教材和参考书使用。

图书在版编目(CIP)数据

社会学基础 / 孙巧玲,陈劲松主编 . —2 版 . —北京:科学出版社,2008
技能型紧缺人才培养培训教材 · 全国卫生职业院校规划教材
ISBN 978-7-03-020608-4

Ⅰ. 社… Ⅱ. ①孙…②陈… Ⅲ. 社会学-专业学校-教材 Ⅳ. C91

中国版本图书馆 CIP 数据核字(2008)第 027844 号

责任编辑:郭海燕 / 责任校对:刘小梅
责任印制:李 彤 / 封面设计:黄 超

科学出版社 出版
北京东黄城根北街 16 号
邮政编码:100717
http://www.sciencep.com
北京天宇星印刷厂印刷
科学出版社发行 各地新华书店经销
*
2003 年 8 月第 一 版 开本:850×1168 1/16
2009 年 7 月第 二 版 印张:7
2024 年 8 月第十三次印刷 字数:183 000

定价:32.80 元

(如有印装质量问题,我社负责调换)

技能型紧缺人才培养培训教材
全国卫生职业院校规划教材

共用课教材建设指导委员会委员名单

第二版前言

社会学是一门综合性的人文学科，其整体性的研究对象是社会，它不仅为我们提供了社会学的知识，更重要的是提供了一种认识社会的思维方法和研究社会的工作手段，从而使人们对于社会的认识趋于理性化和科学化，进而使人的社会行动更趋向合理。它的最终目标是使整个人类社会和谐发展。作为未来以人类健康为目标的广大医护工作者，应明确学习社会学基础是从社会关系的角度研究人，是为了建立和谐融洽的医学人际关系，改善服务态度、提高服务质量，为建立和谐社会尽职尽责。

本教材共八章，包括绪论、人的社会化、社会群体与社区等，根据“贴近学生、贴近生活、贴近社会”的原则，充分体现以人为本的教育观，贯彻素质教育的精神。在教学方法上做到以学生为主体，以教师为主导，因材施教，理论联系实际，以求达到提高学生综合素质的目的，把学生培养成合格的社会成员。

本教材第一版出版至今已有4年了。在这4年中我国的政治、经济、文化等各个领域都发生了巨大的变化，取得了新的成绩，同时也出现了许多新情况、新问题，因此，对本书进行修订具有很大的必要性。本书在第一版的基础上，删去了一些陈旧观点，增加了许多新的案例、链接，在知识性、科学性上有了提高，完善了教材。

在本教材的修订过程中，中央党校社会学教授徐平给予了热情指导与帮助，各编委所在院校也给予了大力支持，在此表示诚挚的谢意。

本书虽经过了修订与改进，但由于学识水平和能力有限，仍存在一些缺点和不足。我们诚恳地希望广大使用本书的教师和同学提出批评和指正。

编　者

2008年4月

第一版前言

社会学对纷纭复杂的人类社会生活所特有的描述作用、解释作用、预测作用，以及对我国改革开放和现代化建设的指导作用，已越来越被人们所认识。它作为基础性社会科学的地位，在我国学术界得到了普遍的认同，其教学和研究工作发展迅速。

依据全国卫生职业教学新模式研究课题组的要求，社会学基础是护理、助产、检验、药剂、卫生保健、康复、口腔工艺、影像技术等相关医学专业的必选课程，本教材即为该课程的必备教材。本教材对于推动护理教育的现代化、科学化及提高其适用性，对于培养适应社会发展需要的护理人才，将会起到积极的作用。

本教材本着“贴近学生、贴近社会、贴近岗位”的基本原则，保证教材的科学性、思想性，同时体现实用性、可读性和创新性，即体现社会对卫生职业教育的需求和对专业人才能力的要求，体现与学生的心理取向和知识、方法、情感的有效连接，体现开放、发展的观念及创新意识。本教材重点介绍了社会学的基本理论、基本知识和基本方法。在编写过程中，编者力求融入多年来从事社会学教学的经验，充分反映近年来社会学研究的丰硕成果，并联系我国的实际，对现实社会中的一些问题尽可能做出简单而认真的阐述与分析。希望学生能通过社会学的学习，了解社会学的基本常识，学会运用社会学的基本知识和基本方法，正确分析社会现象，处理各种复杂的人际关系，以便调整好自己的行为，提高护理技能，更好地参与社会、适应社会和改造社会。

在本教材的编写过程中，编者参阅了大量的国内外文献资料，尽量反映近年来出版的社会学教材和有关著作的新成果。

值此付梓出版之际，感谢教育部职成教司，教育部职业教育中心研究所，卫生部科教司、医政司，以及中华护理学会领导、专家的指导和鼎力支持；感谢各成员学校领导的积极参与、全面支持与真诚合作；感谢每一位编者，克服了诸多困难，创造性地、出色地完成了编写任务。感谢科学出版社领导、编辑的全力支持与帮助。

由于时间仓促，水平有限，本教材中的缺点、错误在所难免，恳请读者惠予批评、指正。

编　者

2003 年 6 月

目　录

第1章 绪　论

学习目标

1. 解释社会学的概念
2. 说出社会学的研究对象
3. 明确学习社会学的方法和正确态度

第1节　社会学的含义及研究对象

每个人都有自己的一生，从出生到死亡，每时每刻都在社会中生活，都处在一定的社会关系之中。作为一名社会成员，为什么要接受社会的教化；如何处理和协调与周围的社会关系；怎样认识和分析自己所处的社会环境；为什么社会会有贫富差距；社会的分层等级是怎样形成的；引起社会变化的原因到底是什么……这一系列问题都是一个人在社会中经常遇到的，并常常困扰其思想和行为。

今天的社会发展变化比较快，怎样做才能适应社会的发展，做一个合格的社会成员，为构建和谐社会尽自己的职责呢？这就需要了解社会、认识社会，需要一门综合性的社会科学进行解答。学习社会学基础这门课程能帮助学生达到这个目的。

社会学作为社会科学中一门独立的学科，有着广阔的研究领域和丰富的研究内容。初次涉及这门学科的人们常会提出这样的问题：社会学是研究什么的，社会学有哪些特点，学习社会学有什么意义，用什么方法学好社会学等。本章将对这些问题做一一介绍。

一、社会学的含义

社会学是研究什么的？自社会学诞生以来，有各种不同的意见，综合起来可以归纳为六种观点：①社会学是研究社会整体的科学；②社会学是研究个人及其社会行为的科学；③社会学是研究社会群体或群体生活的科学；④社会学是研究社会组织或社会制度的科学；⑤社会学是研究社会关系的科学；⑥其他意见，例如“剩余说”、“问题说”等。

由上述观点可以看出，对于社会学的定义的确存在分歧和意见。但仔细分析，如果从各自具体研究的领域、内容上进行比较，上述各种观点除逻辑主线各有侧重外，各自的概念、研究的范畴、基本理论框架等基本一致。综合各种观点，社会学可定义为：是一门研究社会结构和社会过程中社会关系、社会行为及其变化规律的科学。

社会学一词的由来

社会学是一门较年轻的学科，创立于19世纪上半叶的欧洲，社会学一词在英文中为“sociology”，由两部分组成，前半部分来源于拉丁文“socius”，意思是“社会中的人”，后半部分来源于希腊文“logos”，意思是“论述”、“学说”，合在一起就是关于社会的学说。“社会学”一词是由法国实证主义哲学家奥古斯特·孔德(August Comte)在1838年10月首先提出来的。

接链

二、社会学研究的对象

(一) 社会结构

人类社会是由一定社会要素构成的、发展变化的复杂的有机系统。只有在各种关系中相互适应和协调的情况下，社会结构才会协调，社会才能正常发展。社会学研究的对象，首先是研究社会整体结构的协调和正常运行。

社会结构分为实体结构和文化结构两部分。实体结构是看得见、摸得着的有形物质的东西，如个人、家庭、群体、组织、民族、社区等。文化结构是抽象的概念，存在于人们的头脑中并通过社会行为表现出来，如社会的风俗习

笔记栏

惯、道德观念、法律规范与行为方式等。社会的文化结构属于实体结构之中，这两种结构是联系在一起发挥作用的。

(二) 社会过程、社会互动和社会变迁

研究社会结构属于静态社会研究，研究社会过程属于动态社会研究。社会互动则属于个人和群体之间互相作用的方式。

(三) 社会关系

科学是揭示客观事物的本质联系及其发展规律的；政治经济学是揭示生产关系及其发展变化规律的；伦理学是揭示人与人之间的道德关系及其发展规律的；社会学则是揭示人与人之间的社会关系及其发展规律的。社会关系是很广泛的，人们在社会的大网中生活，除了生产关系以外，还有家庭、亲属、邻里、朋友、两性、老年人和青年人的关系等。家庭关系包括夫妻、父母与子女、兄弟姐妹、祖孙、叔侄关系等。而夫妻关系在不同的历史时期、民族和家庭中，也有很大的差异。研究社会关系一般是从研究人们在群体中的地位、角色开始的(图 1-1)。

图 1-1 社会关系

(四) 社会行为

社会行为是由某种社会刺激引起人的行为，或是一个人行为的结果引起另一个人的行为。社会现象和社会问题都是由人们的社会行为造成的，如结婚产生家庭、杀人构成犯罪、污染破坏环境等。所以，研究社会行为必然要研究社会现象和社会问题。社会学的研究不在于描述这些社会现象和社会问题的表面现象和发展过程，而在于探求人们社会行为的规律，从而把握处于特定地位的人们在什么样的情况下将采取什么样的行为，对他人及社会将产生什么样的后果等。

笔记栏

社会学研究的对象，就像社会本身一样，是不断变化、发展的。从社会学的发展历史来看，它大约经历了从百科全书式的综合社会学到目前多达几十个分支的具体社会学的发展过程。根据事物发展的辩证法则，新的分支必将带来社会学领域新的扩大和深化。

三、社会学研究的特点

(一) 整体性

社会学与其他社会科学的不同之处，并不在于它们有着全然不同的研究客体，而在于它们对同一客体的研究角度不同，这在自然科学中是常见的现象。例如，解剖学、心理学均以人体为研究客体，但因研究角度不同，得出的结论也就不一样。社会学也是如此，在社会学看来，社会是个有机整体，社会的各个组成部分是互相联系、互相制约的，只有把社会作为一个有机的整体，并从这个角度出发，才能全面地、科学地认识社会的各个组成部分和各种特殊的社会现象。这里所谓社会学的整体性，并不是说社会学对社会现实的一切方面进行包罗万象的研究，也不是对社会不做具体分析，而是社会学在研究社会的领域中，始终把社会看作一个有机整体，从整体的有机性出发去研究社会的结构和功能，研究社会的运行与调查，即使研究社会的具体现象、具体问题，也时时处处注意从整体出发，联系整体研究部分，着眼于整体综合而立足于局部分析。例如，中国改革开放之后，农村有大量的剩余劳动力，他们有的进入乡镇企业做工，有的从事运输、加工、商品销售等非农产业，还有的进入各种不同类型的城市，寻求生存道路，这标志着农村社会正在发生变化，必然影响到农村地区面貌的改变，而要弄清楚这种变化的趋势是什么，就需要从社会整体上加以分析。社会学正是这样，通过整体来考察部分，了解部分与部分之间的关系、部分与整体之间的关系，从而认识部分的实质。这种整体性是社会学区别于其他社会科学的最基本的特点，因而被称为社会学的思维方式或社会学的世界观。

(二) 综合性

几乎各种社会学流派都承认社会学具有综

合性的特征，这是符合实际的。这种综合性突出表现在：社会学研究任何一种社会现象、过程或问题时，总是联系多种有关的社会因素以及自然因素来加以考察。例如：社会学在研究社会现代化时，不仅注意经济方面，而且重视历史文化背景、民族心理与民族精神、教育状况与观念意识，甚至对自然资源与生态环境等也进行考察。另外，社会学研究社会现象与社会问题时往往借助于不同学科（包括社会科学、自然科学）的知识，做交叉学科或跨学科探讨。由于社会学强调多因素的综合分析，以便更全面、更深入地探索社会诸方面的动态实况，因此，有人称社会学是研究社会的"广角镜"。

（三）实证性

从广度上看，古今中外的人类社会都可以进行社会学研究，但社会学研究的重点首先是现实社会，而社会学对这种现实社会的研究是一种实证性的研究。"实证"这一概念是社会学的创始人孔德首先提出来的，其本意是"确实的"，指知识来源于具体的经验研究。社会学研究虽然同其他学科一样离不开理论分析、比较、推理等一般的逻辑方法，但它的知识主要或者基本的是依靠对社会事实进行具体的研究所获得的。通过观察、调查、实验等途径获得第一手资料，从中检验理论假设，分析、概括出理论知识。社会学研究的这种实证性特点充分表现在它对社会调查的重视上。社会学家们普遍运用实证方法，对各种社会现实情况和问题进行广泛的社会调查，积累了许多有价值的资料，发表了许多有意义的研究成果，同时也发展、完善了各种社会调查理论、方法和技术，从而使之成为社会学研究的基本特色，对促进社会发展起到了多方面的作用。

第2节 学习、研究社会学的意义

社会学对于我国现代化建设是必不可少的。在今天，学习、研究社会学对于促进改革、发展经济以及积极投身到全面建设小康社会的实践中有重要意义。这种意义是多方面的，概括起来主要有如下几点。

一、普及社会学基本知识，提高社会成员的素质

一个国家的发展状况，说到底取决于这个国家社会成员的综合素质。从社会学的角度来说，这种素质的最起码方面，是自觉地适应我国现代化建设进程中社会各方面发展变化的能力。这就要求每个人尽可能地多懂得一些家庭、组织、社区、社会关系、社会结构、社会变迁等方面的社会学基本知识，从而了解自己，正确认识自己在社会中的地位、作用、义务、责任，树立正确的人生理想、价值目标，选择健康的生活方式，以达到提高社会成员的思想道德素质，为建立和谐社会奠定基础（图1-2）。

图1-2 社会成员

案例1-1 个人对家庭的影响

随着我国现代生活方式的不断发展，传统的家庭结构发生了变化，几代同堂的大家庭逐渐减少，核心家庭逐渐增多。可是有些年轻人由于缺乏家庭历史演变、家庭发展与社会发展的联系、家庭中的人际关系等有关家庭中的知识，不能适应核心家庭的发展，在家庭生活中显得盲目，从而引起子女抚养、老人赡养、家务劳动等多方面的家庭问题和纠纷。有一些青年人更不清楚家庭的功能、夫妻的权利和义务、父母的责任，不负责任地对待婚姻问题，谈恋爱时匆匆结合、草率结婚成家，致使婚后家庭矛盾不断发生，甚至出现家庭悲剧。家庭生活中的问题和矛盾，必然影响人们的学习和工作，从而不利于建立和谐社会，也不利于社会主义现代化建设。作为社会主人的公民，如果连适应社会发展变化的能力都缺乏，就更谈不上管理国家、成就大的事业。所以，我们必须广泛传播、普及社会学基本知识，让更多的公民了解在家庭中应承担的

笔记栏

责任和义务，处理好恋爱、婚姻、家庭的关系，为建立和睦幸福家庭而努力。

问题 我们应如何承担在家庭中的责任和义务，处理好家庭关系？

分析 通过分析我们要：

1. 孝敬父母，尊敬长辈 是中华民族的传统美德，是社会主义道德在家庭关系上的基本要求，也是社会主义社会高等学校学生应有的思想品德。

2. 尊重家庭成员的平等权利，履行应尽义务 这既是社会主义社会新型家庭的基本特征，也是大学生处理家庭关系必须遵循的道德准则。大学生在家庭生活中，要民主、平等地处理一切问题。

3. 和睦友爱，互谅互让 这是通向幸福家庭生活的桥梁。家庭生活是纷繁复杂的，一家人在一起共同生活，难免要产生一些矛盾。对所发生的矛盾若能给予正确的对待、公正的处理，就会使家庭成员间的隔阂消除，矛盾缓和，充满和睦友爱的气氛。

4. 坚持真理，坚持原则，树立良好的家风 家风是家庭生活中的风气习惯以及一些良好的道德传统。家风中除应有尊敬老人、孝敬父母、团结和睦、尊重平等权利，履行义务、勤俭持家、爱清洁、讲卫生等道德风尚外，坚持真理、讲究原则、互相帮助、遵纪守法、注重健康、为人正直也是良好家风的重要道德内容。

总之，我们在家庭生活中要尽自己应尽的责任，争取使家庭美满和谐。

二、为政府部门和人民团体培养专业人才

我国现代化建设的发展、和谐社会的建立，越来越迫切地要求加强社会管理工作，因而对这方面的专业人才的需求量越来越大。上到国家部委、下到社区等单位都需要社会学方面的人才。今后还会有更多的工作单位和社会团体提出社会工作方面的人才需求。社会学有责任也有能力在这方面多做贡献。社会学某些方面的阐述中已经包含了社会管理方面的内容。例如，和谐社会的建立，需要有社会保障、社会救济、生活福利、医疗卫生和文化娱乐等社会福利事业与之相配合。社会学对社会保障等方面的研究，不仅有系统理论，还有相应的配套应用技术，完全能以此培养出专门从事社会福利的组织管理人才，以满足民政、工会等部门、团体的需要。社会管理是现代社会的一项重要工作，在西方被称为社会工作。社会工作者在行政和经营管理中研究“人的因素”，就是研究职工的各种需要、动机、目的与他们的行为之间的关系，研究企业里人与人以及个人与集体之间的关系，以求从物质和精神上调动职工的积极性，发挥他们的潜力来提高工作效率和劳动生产率。目前，我国的社会主义现代化建设正需要大力提高行政和管理水平，提高劳动效率以增强经济效益，加快社会主义现代化建设的步伐。社会学在社会发展与社会稳定方面将发挥越来越大的作用。

三、在经济和社会发展方面为党和政府决策提供科学依据

一个国家的经济和社会发展，必然有一定的规划。在制定、实施及完善经济和社会发展规划时必须通盘考虑，要把基点放在社会各方面发展的协调上。社会学研究的基本内容恰与此相吻合，当然也就对此做出十分重要的贡献。

社会学不仅可以提供系统的协调发展理论，还可以提出成套的资料、科学指标、合理建议与方案等。在如何处理经济和社会发展的具体问题上，社会学也能为党和政府的决策提供类似的科学依据。就人口问题而言，需要从数量、增长速度、分布情况、地区流动、职业流动，以及经济、教育、医疗卫生、科学技术的发展水平等各方面进行综合研究，才能做出正确的判断，制定出合理的人口政策，采取恰当措施，避免各种不良的社会后果。又如，目前在中国城市中谈论较多的问题是工人下岗，那么关于哪些企业的工人下岗，下岗的人数有多少，占就业人数的比例怎样，其年龄、性别、文化程度、工龄等有什么特点，他们对大、中型企业改革持何种态度，社会大众对此有什么看法等。社会学可以通过有计划、系统的社会调查，借助社会统计分析技术，收集到这些资料和信息，为认识并解决这些问题提供最基本的依据。

具有整体性特点的综合性的社会学，可以

承担这种综合性的研究，并将研究结果提供给党和政府，作为决策的参考。可见，学习一点社会学，对于避免和减少决策失误，对于我国的现代化建设和社会改革都具有重要的意义。

四、在加强学科自身建设上具有重要意义

社会学作为一门综合性的学科进入社会科学之林，是因为它不但有特定研究对象，而且有特定的理论体系。社会学自创立以来，众多理论流派不同层次上对社会进行了理论解释，成为人们研究社会学的重要内容。我国的社会学学科建设处于起步阶段，距离建设有中国特色这个目标，还有一定的距离。我国的社会学学者在学习、研究社会学，加强学科建设方面，已经做了大量的工作。对古今中外的社会学进行了具体分析，取其精华，去其糟粕，构建了符合中国实际的社会学理论体系；全面、深入地分析了我国社会主义初级阶段的实际状况，正确把握了社会现状和发展趋势，使社会学根植于本土，具有强大的生命力，从而创建名副其实的有中国特色的社会学。

第3节 学习、研究社会学的方法和正确态度

一、正确地以马克思、列宁主义、毛泽东思想、邓小平理论和“三个代表”重要思想为指导

以马克思主义、毛泽东思想、邓小平理论和“三个代表”重要思想为指导，贯彻落实科学的发展观，构建社会主义和谐社会，是学习、研究社会学的一条重要原则。研究任何一门科学，都必须有一个总体上的科学指导理论。马克思主义的三个组成部分之一——马克思主义哲学，对社会科学的研究具有指导意义，当然也包括社会学。毛泽东思想是马克思主义在中国的运用和发展，是马克思主义的中国化。邓小平理论是马克思、列宁主义同当代中国实践和时代特征相结合的产物，是毛泽东思想在新的历史条件下的继承和发展，形成了建设有中国特色社会主义理论的科学体系。“三个代表”重要思想既同马克思、列宁主义、毛泽东思想、邓小平理论一脉相承，又适应了当代的新变化，反映了当代的新要求，指导了当代的新实践。胡锦涛总书记提出的科学发展观和建立和谐社会，是对我国中国特色的社会主义现代目标和标准更加明确和具体的阐述。我们学习、研究社会学，要创立有中国特色的社会学，一条原则就是要自觉地坚持以马克思主义、毛泽东思想、邓小平理论和“三个代表”重要思想及科学的发展观为指导，以建立和谐社会为目的。

二、坚持理论联系实际

理论联系实际，是学习、研究社会学的根本方法。社会学具有强烈的实践性和敏感性的特点，因此，更应注意紧密地理论联系实际，特别是联系我国现代化建设的实际。我国当前正在进行现代化建设和实行改革开放政策，这是中国历史上巨大的社会变革。在这场社会变革中，必然会产生许多新情况。例如，研究社会学的社会分层理论，就要与我国现阶段的阶级结构、阶层关系等紧密结合；研究社会学的社区理论，就要以这一理论去考察我国经济体制改革以来农村的变化、城乡关系的发展及小城镇的建设等。同时，也要联系我国的历史情况和国外情况，与中国的现实状况做科学的比较。所以，只有理论联系实际地研究社会学，才能真正地掌握社会学理论，提高对我国现状的认识，改进我们的工作与学习，以建立具有中国特色的社会学。

三、认真地进行社会调查

进行社会调查，是学习、研究社会学必须做到的基本功，也是理论联系实际的中心环节。社会是一个十分复杂的整体，各个部门之间是相互联系、相互制约的。社会学面对的是千头万绪的社会现象和错综复杂的人际关系。要研究社会，并深刻揭示社会生活的一般规律及特定社会环境中的特点，就必须着重采取社会调查的方法。社会调查是社会学赖以存在和发展的基础，也是人们认识社会的重要途径。所以，只有到社会现实生活中进行认真的调查研究，才能在充分了解社会实际情况的基础上，深刻理解社会学的原理，并不断地丰富和发展社会学，为社会主义现代化建设服务。

笔记栏

社会学是研究社会结构和社会过程中的社会关系、社会行为及其变化规律的科学。它有独特的研究对象、任务、知识体系和社会作用。学习社会学基础知识，首先，能正确地认识自己在社会中的地位、作用、责任和义务；其次，能在学校刻苦学习专业知识和技能，提高综合素质，为选择适合自己的职业打下良好的基础；再次，能处理好家庭关系，承担起对家庭的责任和义务。

社会学的发展前景广阔，通过理论联系实际的方法学习社会学基础知识，无论是对个人的生活道路，还是对社会主义现代化建设和建立和谐社会都具有重要意义。

小结

目标检测

一、名词解释

社会学定义

二、简答题

简述社会学研究的对象。

三、思考题

你打算怎样学习社会学？

笔记栏

第2章　人的社会化

学习目标

1. 简述社会化的含义、内容和基本因素
2. 解释社会化的过程，说出其特点
3. 明确个人在社会中的地位和作用
4. 能主动承担对社会、家庭的责任和义务，做一个合格的社会成员

社会学是关于社会的学说，其研究对象是社会的构成及其运行规律。所以学习社会学首先要弄清什么是社会。而社会作为一个整体，它要存在和发展，又要培养新一代接替老一代的工作，作为新一代，如何才能取得社会成员的身份，承担起对社会的责任，这又涉及人的社会化问题。本章主要讲述人的社会化。

第1节　人的社会化

人是在社会中生存和发展的，社会是人类生活的共同体。马克思主义认为，社会是以共同的物质生产活动为基础而相互联系的人类生活共同体，是以生产关系为基础的社会关系的总合。其中，物质资料的生产方式是社会存在的基础。个人融入社会，要经过社会化的过程。

一、社会化的定义

所谓社会化是作为个体生物的人成长为社会的人，并逐步适应社会生活的过程。具体指个人学习知识、技能和规范，取得社会成员的资格，发展自己社会性的过程。

从广义的角度理解社会化：社会化可以包括从人的出生到生命的结束，在人的一生中都是社会化的过程。从出生到入学接受家庭的社会化，进入学校接受文化和规范的社会化，参加工作进行职业社会化等都属于社会化的过程。

从狭义的角度理解社会化：社会化是一个人从出生之后，经过幼年的抚育、童年的看护、青少年的教育，成为社会所接受的“成人”过程，经过社会化使个人成为社会所接受的成员。

人与社会的关系

人与社会处在相互联系、相互制约的关系之中，两者既相互适应又相互改造。首先人们必须适应社会，社会的发展水平和个人的社会地位，确定了一个人的思想观念、心理倾向和行为方式。其次，人在适应社会的过程中，发挥着人的作用即认识社会，能动地改造社会，推动社会向前发展，并为社会塑造一代新人创造了条件。

接链

二、社会化的必要性

（一）从个人的角度分析

（1）社会化是个人适应社会、参与社会生活、在社会环境中独立生存的必要条件。每个人在婴儿期，相当于是生物人，没有任何的社会知识和生存技能，只有一些最基本的生理技能。个人仅凭生来具有的自然属性和生物本能是无法在社会上生存的。个人只有通过社会化的途径接受社会文化，学习生活技能，掌握社会生活方式才能适应社会，才能在特定的环境中生存。

（2）社会化是个人适应社会变迁所必需的途径。人类社会是一个不断发展变化的系统，总是处于变迁之中。尤其是21世纪的中国，科学技术加速发展，知识更新日新月异，体制、设施、观念、心理及行为方式上都会发生很大的变化，这种变化会使成年人的思想观念和行为方式由与社会相适应变为不相适

笔记栏

应，从而使个人在社会生活中感到心理紧张，甚至使个人的生存及发展出现困难。这时个人就必须有意识地重新适应社会生活，进行继续社会化，不断学习新知识，接受新事物，以便适应变化的社会，跟上时代发展的步伐（图2-1）。

图 2-1　下岗职工再就业

（二）从社会发展的角度分析

社会化就是人类社会运行及人类文化不断延续和发展的前提条件，具体表现在三个方面：

（1）社会化有助于社会正常运行。只有经过社会化的人，才具备与社会发展水平相适应的知识、能力和素质，社会才能维持正常的运行。

（2）社会化有助于维持社会正常秩序，保持社会稳定。对一个社会来说，如果没有人的社会化，社会及其文化就不能保持其一致性，共同的社会目标就无法实现。社会成员在文化上的一致性是确保社会稳定和人类生活秩序正常的重要因素，而这种一致性又主要通过社会化来实现的。

（3）社会化有助于先进文化的延续和发展。没有社会化，社会文化就不能代代延续和发展下去。新一代如果不能从老一代人手中接过社会文化发展的接力棒，社会发展将会因后继无人而中断。

三、社会化的可能性

人之所以能进行社会化，是由人的遗传因素决定的。在整个生物界中，只有人类个体能接受社会化训练，并通过这种训练具备社会性，参与社会生活。人有不同于其他动物的特殊的生理基础，具体表现在以下五点：

笔记栏

（一）人有不同于其他动物的特殊的生理条件

个人的社会化是以生物的遗传因素为基础的。世界上的任何动物都具有生物的遗传素质。人是高度发展的生物，在漫长的进化过程中，人脱离了动物世界，具有了完全直立行走的姿势，解放了双手，有善于思维的大脑，产生了语言。因此，每一代新出生的个体本身就已经具有了人类特殊的遗传基因，其身体组织、结构和机能已经深深烙上了世代相传的社会痕迹。动物由于其自身所具备的遗传素质不同于人，即使生活在人类的社会，不管实行怎样的训练，最终还只能是动物。所以，正是人类所具有的特殊的遗传素质为人类的社会化奠定了生物的基础，使人的社会化成为可能。

（二）人类具有语言能力

语言是人类在长期实践活动中形成的，是人类社会的特有现象。人类在长期的劳动中，发展了语言器官，发展了听的能力。这和大脑的结构有关。人的大脑皮质覆盖在大脑半球的表面，主要由神经细胞的细胞体构成，是高级神经活动中枢。动物愈高等，大脑皮质愈发达。人类由于在社会集体生活和劳动中的相互交往，产生了语言和思维，更促进了大脑皮质的发展，这是其他动物，即使是最高等的动物猿类也望尘莫及的。动物虽能发出叫声，但只是本能的或对感官刺激的直接反应。而人的语言则能表达头脑中的表象、概念和思想。人类对语言的反应和使用，使人们能够交流思想。没有语言就谈不上社会交往，也就谈不上社会化了。在社会化过程中，人们借助语言来学习社会文化，掌握社会规范和社会技能；借助语言理解他人的思想和要求，同时也向他人表达自己的思想和感情。没有这种社会互动，个体的社会化是难以完成的。语言是个体社会化强有力的工具和杠杆。

（三）人类具有思维能力

在影响社会化的因素中，直接与人类语

言能力联系在一起的是人的思维能力，这是人类区别于其他动物的根本特征，也是人类个体能够进行社会化的最根本的生物基础条件。在社会化过程中，人们正是运用了特有的思维能力，才能对所接受的各种有关外部事物的信息加以分析、归纳，形成判断并进行推理；才能把所学到的知识储存于大脑中形成记忆，并依据社会化活动的需要随时提取。人们在生活中必须通过理性思维确立起自己的角色观念、价值观念和行为方式。

(四) 人类具有高度的学习能力

人类所特有的语言能力和思维能力，使人类个体在社会化过程中表现出其他动物所不可能比拟的学习能力。人有高度的学习能力，也是接受社会化的基本条件之一（图2-2）。

图2-2 学生下厂学习

人脑的思维能力

人的大脑及高级神经系统使人具有能动地反映客观外部世界的特殊思维活动能力，其中包括形象思维和抽象思维能力。人脑和动物脑不仅容量上差别很大（人脑容量约为1 400ml，猴脑容量只有400ml），在功能方面也存在着重大的区别；动物脑只能在第一信号系统范围内活动，即只能对直接作用于各种感觉器官的具体刺激做出反应；人脑则不仅可以在第一信号范围内活动，还可以对作为信号刺激的语言做出反应。正因为如此，人脑的功能才大大超过其他动物，具有其他动物所不具备的思维能力。

链接

近年来对高等动物进行行为研究的实践表明，动物也有学习和积累一些知识的能力。

人类所特有的学习能力对社会具有很大的作用。首先，人凭借语言能力和思维能力，可以更迅速、更正确和更深刻地认识事物的本质属性，理解所处社会环境的意义，接受社会文化的熏陶。其次，人在通过各种途径认识事物的同时，能迅速根据所了解和学习的知识，确立其自己的思想观念和行为模式，以此指导自己的社会活动，提高自己适应社会的能力。再者，人类意识活动中的意志能力，可以使人主动地加强自己的学习动机，使个体的社会化成为有目的、有计划、积极主动的活动。

人们可以训练老鼠穿过迷宫，许多肉食动物的捕食能力也是在本能的基础上通过学习而获得的。但这些能力与人类的学习能力是无法相比拟的。心理学家们的实验研究表明，3岁以下的黑猩猩与同龄小孩在学习能力方面相差无几，但3岁以后，两者的学习能力差距迅速拉大，儿童的学习能力很快提高到黑猩猩一生都无法达到的水平。其原因就在于，动物不具有运用第二信号的思维能力，其学习只限于直接或间接的模仿，缺乏创造性活动的能力。而3岁以后的儿童由于发展了语言能力以及形象思维与逻辑思维的能力，其学习能力必然发生飞跃。

接链

(五) 人有较长的依赖生活期

所谓依赖生活期是人类个体在出生后，由于生理、心理、意识和行为能力尚未发展健全，不能独立生活，而要在生活、心理上依赖他人，受他人照顾与监护的时期。这段时期大致经过婴儿期、幼儿期、童年期、少年期和青年期，一般来说在16年以上。其中，最初6~7年的婴、幼儿期是完全依赖时期，而随后十余年的青少年期是部分或大部分依赖时期。因此，人的全部生活中约有1/5的时间要依赖父母或其他抚养人。正是由于人有较长的依赖生活期，才为人类个体在客观上接受广泛而深入的社会化创造了重要条件。一个人出生下来，在生

笔记栏

理上完全不能自理,因而不得不依赖父母或其他养育者的关怀和照顾。正是这种生活上的依赖性,决定了一个人生下来就要在社会中生活,不能不接受社会规定的生活方式。而且,由于生理上的依赖性,在心理上也产生了依赖性,并倾向于把所依赖的人看做是一种权威的形象而对他们怀有依恋、敬爱和畏惧的感情。这种权威对于个体早期社会化会产生十分重要的影响,对儿童的思想观念和行为方式具有重大的指导和制约作用。也正是因为有了这一较长的依赖生活期,个人才有充分的时间和条件了解自我,认识自己在环境中的地位以及与别人的各种社会关系,学习与他人相处的技巧,学习各种文化知识和专业技能,为独立走上社会创造条件。

高等职业教育的作用

我国加入世界贸易组织(WTO)后,大部分外资投到制造业。我国产业结构的进一步调整,需要大量的高级技术工人。因此,加强职业技术教育,对社会发展的作用越来越大。高等职业教育的目的是满足岗位或岗位群的需要,这是高等职业教育不能丢失的、区别于普通职业教育的生命线。所以,高等职业教育必须坚持培养目标的针对性,使培养的人才走向社会后能尽快顶岗。加入WTO和知识经济必然带来社会职业岗位变化频繁、岗位或岗位群的职业能力动态变化以及个人职业岗位变换几率增加,这些又使高等职业教育必须考虑学生终身教育的需要,注重培养人才的创新能力和适应能力。

接链

第2节 社会化的内容

社会化的内容主要有四个方面,即基本生活技能的社会化、社会规范的社会化、生活目标的社会化、社会角色的社会化。

一、基本生活技能

1. 生活自理技能 人出生后完全没有生活自理和自我管理的能力。因此,人出生后社会化的一个重要内容就是学习和掌握衣、食、住、行的一些基本动作和技巧。在父母和家人的示范教育中,学会穿衣、吃饭,学会使用简单的生活用具,做到生活自理。然后,学习语言和其他文化、协调人际关系、合理安排生活等,获得生活自理技能。

2. 职业技能 这是谋求生存的本领,是人的社会化的第二步。个人在掌握了生活自理技能后,要进一步学习语言和文化,还要掌握专业的技能以适应独立的生活,自食其力。在封建社会,个人学习生产知识和技能多数是在家庭里进行,往往是子承父业,从父母那里学习谋生的技能。在现代社会,随着科学技术的迅速发展,社会分工越来越细,社会对每个人的技能要求标准越来越高,社会成员需要更多的文化知识和专业技能,这一般由学校如职业技术学院来承担。

笔记栏

二、社会规范

1. 定义 社会规范的社会化是通过社会各种形式的教育、社会舆论、道德以及强制性手段等,使人们逐渐形成一种信念、习惯、传统,用以约束自己的行为,调整个人、团体、社会三者之间的关系。社会规范是社会成员必须遵守的社会行为准则,是社会赖以维持正常秩序的工具。社会规范大体分为两方面,即法律规范和道德规范。

2. 法律规范和道德规范的关系 法律规范和道德规范是调整个人与社会行为之间关系的,但两者调整的角度不同。法律是有强制性的规范,违反了就要受到处罚。而道德则不然,它主要是靠社会舆论、内心信念、传统习惯和教育来完成上述调整功能。在社会规范的社会化中,两者相互配合、相互补充,从而起到约束人们的行为,调整人们的社会关系,维持整个社会秩序的作用。

三、生活目标

社会上每一个人都有自己的生活目标,这种生活目标是在人生观的指导下,通过自己的努力争取可以实现的具体目标。

生活目标的含义

生活目标是人们对未来生活的向往和追求。

1. 一个人的生活目标是变化的 每个人的生活目标是不同的。一般说来,一个人生活目标最初是由家长为其选择的,或者在很大程度受家长的影响。随着年龄的增长、人际交往的增加以及受学校教育或其他组织的影响,家庭影响逐渐减弱。一个人的价值观念也在不断发生变化,就会导致起初的生活目标发生改变。一个人最初生活目标的选择和后来生活目标的改变都是社会化的结果。

2. 选择正确的生活目标对社会发展有重要意义 社会目标的选择有积极和消极之分。积极的生活目标,会给人们坚定的信念,使人们把个人的生活目标与祖国的发展、社会的进步联系起来,开拓创新,勇往之前。例如:2003年战斗在非典型性肺炎(SARS)斗争一线的以中国工程院院士钟南山为代表的广大医护工作者,他们为了患者的生命,奋不顾身,日夜坚守岗位,为国家、为人民做出重大贡献。可以看出,他们选择的生活目标与人民的健康、与社会的发展是一致的。消极的社会目标,会使人们精神空虚、消极及堕落。生活目标是受人生观支配的,一代青年人的人生观,尤其是他们的人生理想,往往成为一个国家的指导思想。因此,通过社会化教育青少年树立正确的世界观、人生观、价值观,树立为祖国做贡献、为人民服务的思想,对建立和谐社会、实现现代化建设具有重要意义。

接链

四、社会角色

人的社会化无论多么复杂,最后都要体现在个人对社会角色的扮演上。

作为一名护士,有权利要求患者服从一些安排:护士要注射,患者就得服从;护士不许患者下床,患者就不能随便走动。另一方面,患者也有权利要求护士表现出护士角色应有的行为,输液、送药等都要认真负责,要关心、体贴、照顾好患者。又如,一个相声演员,在舞台上演出,能受到广大观众的赞扬,说明他从事的工作与扮演的角色是相适应的。长期的社会生活使各种角色各自形成了一整套颇具特色的行为模式,这就要求从事特定角色的人们干一行,爱一行,使自己扮演的角色符合他人及社会的需求。否则,人们就认为他没有很好地完成这一角色(图2-3)。

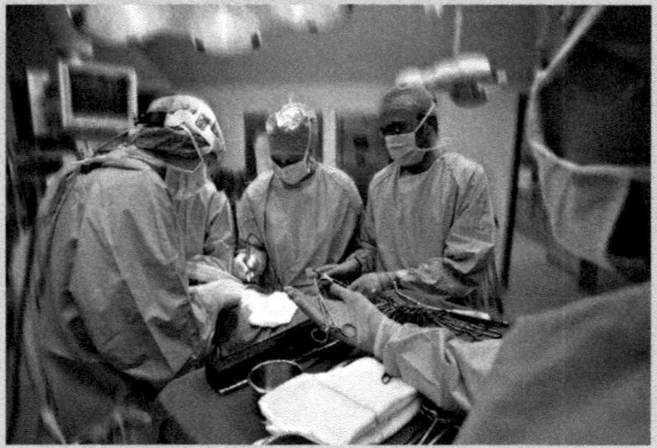

图2-3 尽职尽责的医护人员

链接

(一) 社会角色社会化的定义

社会角色是人们的某种社会地位及与身份相一致的一整套权利、义务的规范和行为模式。它是人们对具有特定身份的人的行为期望,是构成社会群体和组织的基础。

社会角色的扮演

在社会上,没有一个人是不承担社会角色的,担任某一角色,并按这一角色所要求的行为去活动,这就是社会角色的扮演。

接链

(二) 确定社会角色的期望值

人是社会的人,在社会舞台上,人们不能随心所欲地扮演社会角色。每一个在一定的社会关系和社会组织中处于特定地位的人,都被赋予了按照地位的规定行事的要求和期望。过高或过低地估计这一要求和期望,都可能引起角色的失调。

有一些学生在毕业选择职业时,想问题高于现实,结果是条件好的单位进不去,条件差的单位又不想去。在社会现实面前失去了心理平衡,产生了许多苦恼。这时就需要调整心态,客观地、实事求是地对待自己的能力和水平,要面对现实,找到适合自己的角色。

接链

(三) 培养角色变化的适应能力

在现代社会中,由于我国经济体制的改革和对外开放的扩大,社会分工带来的位置越来越多,人与外界的交往越来越多,在市场经济条件

笔记栏

下，每个人担当的角色的变化也越来越大。这就要求人们在自己所处的环境或所充当的角色发生变化时，能及时地调整自己的行为与之相适应。

第3节 人的社会化的基本过程

人的社会化是一个过程。从广义上说，由于社会是不断发展的，一个人为了适应社会生活，就要不断地学习，也就是说，人的一生是一个不断社会化的过程。从狭义来说，人的一生最重要的学习阶段，是在青少年时期，所以，人的社会化主要是社会对未成年人教化的过程，社会化的基本任务是在这一阶段完成的。在人生旅途的不同阶段，由于生理、心理发展水平不同，社会环境和教育条件不同，人的社会化的内容和任务也有所不同，可分为儿童时期、青少年时期、成年时期几个不同的发展阶段。

一、未成年人的社会化

未成年人的社会化指人出生后到青年这一时期的社会化。这一时期是人一生中的关键时期。这一时期的社会化成功与否，直接影响到能否正常参加社会生活并适应社会环境。根据人的生理和心理的不同特点，可以把未成年人的社会化分为以下几个阶段：

(一) 婴儿期

婴儿期(从出生至满3岁之前)是在父母的抚养下开始的。1周岁以内的婴儿尚未有语言，其与父母及他人的互动一般通过动作和表情进行。通过这种互动，婴儿初步了解到人与人的交往关系，并产生社会交往的需要和行动。1岁以后，幼儿开始学习走路和说话，这扩大了他们的人际互动范围，在了解自己和周围环境的过程中迈出了重要的一步(图2-4)。

自我认识是婴儿心理成长的关键，是质的变化，一般要2~3岁方能把自己从周围的事物中区分出来。这一时期，随着交往的扩大、独立活动能力和语言能力的提高，自我意识开始形成。他们开始理解自己在人际关系中所处的地位，学会把自己和他人分开；在语言中学会人称代词“我”，开始把自己当作一个主体的人。只有到这个时候，才可能对孩子进行有效的社会化。

笔记栏

图2-4 婴儿期的互动过程

婴儿社会化一般在家庭中进行。父母和家庭其他成员的教育，对婴儿社会化具有示范作用。对他们以后的发展具有极为重要的意义(图2-5)。

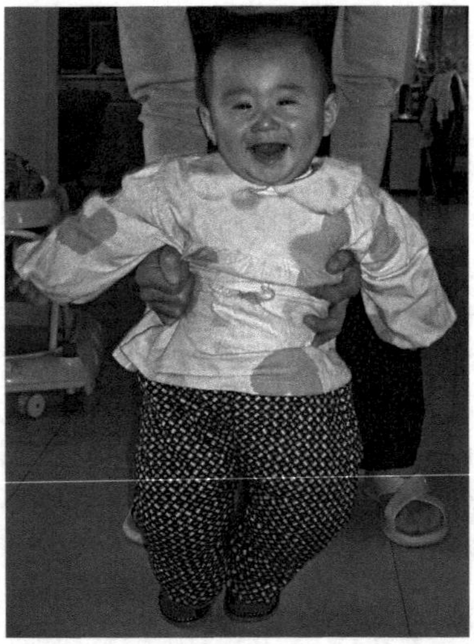

图2-5 婴儿期学习走路、交往的过程

(二) 幼儿期

幼儿期(2岁至满6岁之前)是人的智力发展最迅速的时期，也是儿童社会化的关键时期。个体发育最突出的特点是独立倾向增强，什么事都想自己做，拒绝他人帮助，但由于能力有限，常常事与愿违。

幼儿期的另一个特点是语言的发展。幼儿掌握词汇的数量大大增加，语言表达能力提高，为表达自己的思想和接受他人的教育创造了条件。但他们的思维尚带有明显的形象性，因此这一时期的教育应以形象教育为主。

幼儿期独立能力的增长和语言交际能力的发展，使其产生了渴望参与成人生活的需要，但其独立生活的能力有限，两者的矛盾在幼儿的游戏中可以得到一定的解决。在游戏王国里，孩子是生活的主人，他们通过扮演游戏中的角色，模拟成年人的行为模式，学习人们的生活经验，培养对生活严肃认真的态度。

婴幼儿期的发展

(1) 学习走路。

(2) 学习吃固体食物。

(3) 学习大、小便的方法。

(4) 懂得脾气的好坏，学会控制自己的脾气。

(5) 获得生理上的安定。

(6) 形成有关社会与事物的简单概念。

(7) 与父母、兄弟姐妹及他人建立情感。

(8) 学习区分善恶。

链接

(三) 童年期

童年期是从6~7岁至满11岁这一时期。个体进入接受基础教育时期，因而又叫学龄前期。由于功能的发展和新环境的开辟，人的社会化进入了一个转折时期。学习取代了游戏，正规教育取代了非正规教育，这是童年期社会化的显著变化。与幼儿期的社会化不同，学校教育是一种有组织、有计划、有系统性并带有强制性的教育。儿童必须按严格的要求来完成学习任务，这对扩展他们的知识领域、加深他们对人类社会的了解以及学习约束自己，有积极的作用。

童年期的发展

(1) 学习一般性游戏中必要的动作技能。

(2) 培养对于自己有机体的健康的态度。

(3) 和同伴建立良好的关系。

(4) 发展读、写、算的基础能力。

(5) 发展日常生活必要的概念。

(6) 发展道德性及价值性判断的态度。

(7) 发展人格的独立性。

(8) 发展对于社会各个单位和团体的态度。

链接

从口头语言向书面语言转化，是童年期的又一变化。书面语言可使儿童通过书本学习人类知识的精华，扩大知识范围，同时也促进他们从形象思维转向抽象思维，就这一点来说，它是社会化的新飞跃。当然，儿童的认识经验还是有限的、直观的，占主导地位的思维方式依然是形象思维。

入学后，儿童开始真正参加集体活动，从中认识自己与集体的关系，树立起集体观念，如集体荣誉感、同学友谊感、责任感等。

(四) 少年期

少年期(从11~12岁开始至14~15岁)是由儿童期向青年期的过渡时期。在这一时期，少年身体迅速成长发育，身高猛增，体重增加，第二性征出现，由此带来一系列心理巨变。他们认为自己已经长大成熟了，要求与成人平等，要求扩大其独立性，也要求他人对其成熟的承认。如果成年人继续像对待小学生那样对待他们，他们就可能拒绝成年人的教育，表现出各种形式的反抗，如固执、抗拒等，甚至和成年人发生冲突，产生隔阂。因此也有人称这一时期为“严重危机时期”或“困难期”。

少年期社会化的特点

少年期也可叫做学龄中期，相当于初中时期。在此阶段，少年的道德意识也开始发展。随着大脑发育的基本成熟、知识的增加以及抽象思维的发展，少年开始理性地审视社会、人生、未来和自我，由此形成世界观和人生观。总的来说，人在少年期，认识结构和思维发展虽然已臻完善，但其心理的发展尚未完全成熟，其世界观和人生观也尚未定型。

链接

(五) 青年期

青年期(14~15开始至18~19岁)是人的成长在生理上、心理上达到一定成熟的时期，心理学家也称之为“第二次诞生”或“心理上的断乳”。这一时期，人的思想和行为将发生一系列的变化。

1. 自我观念深化　人在少年时期虽然已经开始有了自我对外部世界的理性认识，但此认识往往是不充分及不完善的。人到青春期后，自我观念明显深化，能够主动地审视和思考自己的行为和自我本身，这对个体的

笔记栏

社会化来说是非常重要的，因为全面、正确地估价自我是人能够适应环境、改造世界的重要条件。

2. 人生观确立 在少年期，人的抽象思维虽有一定程度地发展，但大多依赖于形象思维的支持，仍属经验型。到了青春期，理性思维随着个体理论的积累和实践活动的增加而大大发展，开始独立确立自己的行为准则、人生目标和对社会承担的义务。

3. 采用新的内在化的社会化方式 青年期之前的社会化，大多数以父母和他人的赞赏、奖励以及否定、斥责甚至惩罚等形式而被强化。青年期的社会化逐渐为个人对环境的认识和自觉的行为等内在因素被强化。青年期的社会化逐渐为个人对环境的认识和自觉的行为等内在因素所调节，也就是说，内在化的方式逐渐取代外在强化的方式，这为成年人的继续社会化打下了良好的基础。

二、成年人的继续社会化

继续社会化对于每个成年人来说都是十分必要的。

(1) 社会是不断发展变化的，人要适应并改造社会，就必须不断更新自己的观念和行为，并学习掌握新的技能。在社会平稳发展的时期，尽管社会制度、生活方式没有发生剧烈的变动，但成年人只有抓紧时间转化观念和行为方式，才能跟上时代的步伐，否则，就无法适应变化了的社会。目前，我国正处于剧烈的转型时期，生活中的各方面都日新月异，在此条件下，成年人的继续社会化就更为必要。

(2) 现代社会未成年人社会化不完全，需要继续社会化来弥补。在比较统一、简单、变化不大的社会里，一个正常的儿童，只要在成人之前有足够的学习机会和条件，大都可以掌握合格的社会成员所应掌握的一切。但在现代社会，这是不可能的。因为，现代社会是一个向多样性、多元性方向发展的社会，知识更新迅速，即使教育者本人也要受到各方面的限制，因此在未成年时期，个人不可能掌握作为合格社会成员所必备的一切，必须继续进行社会化，学会适应变化了的社会(图 2-6)。

图 2-6 中年教师学习课件制作

继续社会化

人的社会化是个体在与社会的相互作用中不断适应和改造社会的过程，它贯穿于人的一生。个体在青年期以后所进行的社会化属于成年人的继续社会化。继续社会化主要是为了适应发展变化中的生活环境。

接链

(3) 从个人角度看，人到成年之后会遇到许多新矛盾、新问题，必须学习许多新的社会角色。这些角色中最重要的包括从父母方面学习独立、恋爱结婚、生儿育女，最后进入老年期开始依赖他人。对工作人员来说，还要加上工作调换、地位升迁，直至最后退休。因此，必须重新学习，继续社会化，以适应新环境。

成年人社会化的特点

成年人的社会化在几个主要方面与未成年人不同。一方面，成年人更能理解承担新角色的原因。另一方面，成年人做事比较明确，他们能够根据自己的意愿选择角色。他们可以改变自己的职业、婚姻，甚至可以再回到学校学习。还有，成年人的社会化常常包括对现行角色的重新定义或再创造，他们不仅仅在“扮演角色”，而且在“塑造角色”。

接链

在继续社会化中，中年期和老年期的情形是不完全相同的。人到中年，思想已经定型，生活方向和行为方式比较固定，有丰富的生活阅历，在工作上已取得一定的经验并积累了相当的知识，成为推动社会发展的骨干力量。他

笔记栏

们继续社会化的任务：继承和发展上一代人的科学文化知识和技能，学习新知识，掌握新技能，树立新观念，以帮助和培养年轻一代。人到老年，随着年龄的增长，人的生理、心理会发生一系列变化，思想言行趋于保守、稳重，不易于接受新事物，继续社会化比较困难。但老年人社会经验丰富，传授知识和经验以教育、帮助年轻一代，也是他们的社会职责。所以，他们还需要重新学习，努力适应新的社会，以完成新角色所规定的任务。

三、再社会化

再社会化，是一个人从一种生活方式向另一种生活方式急剧转变的过程，包括强制性的教化过程。它要求人们抛弃原来的社会文化和生活方式，接受另一种社会文化和生活方式。再社会化有强制再社会化和主动再社会化两种基本类型。

再社会化与前两个阶段的社会化是完全不同的，指学习同先前的社会化过程完全不同的新的价值观和行为规范的过程。它意味着放弃先前的生活方式，而采取一种不仅与先前不同而且是完全不相容的生活方式。

再社会化的例子主要有洗脑、对罪犯的改造、宗教信仰转变以及加入军队而改变个人的生活和行为方式等。成人的再社会化常常发生于被称为“全控机构”的场合当中，即“一种完全封闭且通常与社区相隔离的环境”，如精神病院、监狱、修道院和某些军事单位。再社会化不同于正常的社会化，强制是其主要特点。

在我国，比较典型的再社会化例子是对罪犯的改造。通过把犯罪分子置于特殊的场所，由特殊的机构（如监狱、劳动教养所或工读学校）采取强制性方式施行教育，强迫他们改变以前的价值标准和行为模式，并向其灌输现有社会的规范和行为准则，使其确立新的生活目标，逐渐实现由被动接受教育到自觉、自愿接受教育，将其改造成为对社会有用的人。

主动再社会化是一种主动地接受新的生活方式，并适应新的生活方式的过程。它教化的对象是社会化出现中断的人，需断绝原来的生活方式，而进入新的生活方式。如下岗的产业工人再就业从事经商活动，就得重新学习经商的学问及规律，需要再社会化。主动再社会化的特点是不用外力强制，通过互动、模仿等方式而自觉地适应新的生活。

要从根本上解决再社会化的问题，在抓好青少年教育的同时，必须对那些生活方式发生急剧变化的人采取必要的措施和手段，如对下岗人员进行培训、再就业指导等，帮助其适应新的环境与岗位。

四、人的社会化的特点

人的社会化具有双向性和终身性两个基本特点。

（一）双向性

社会化过程是人与社会环境因素之间互动的过程，这必然带来社会化的双向性，既有正向社会化，如父母对子女、教师对学生、长辈对晚辈、社会环境对个人的教化与影响，也有反向社会化，如子女对父母、学生对教师、晚辈对长辈、个人对社会环境的反向社会化和影响。正向社会化一般为人们所注意，而反向社会化则容易被人们所忽视。

常存在两种情况：

（1）个人改变行为以符合社会期望，这是正向社会化的表现。

（2）个人坚持自己的行为，迫使社会调整原来的期望，这是反向社会化的表现。社会中子女向其年老的父母传授新的科学知识、技能，如计算机操作等，便是这种反向社会化的突出表现。

正向社会化和反向社会化

正向社会化和反向社会化是社会化过程的两个方面。正向社会化是社会化的主要方面，而反向社会化是社会化的次要方面。

接　链

（二）终身性

人的一生是不断学习各种角色、不断社会化的一生，社会化的过程具有终身性。但多数人把社会化的重点放在青少年的社会化上，使其较顺利地参与社会生活。事实上，成年期的继续社会化具有不可替代性，与成年期以前的

笔记栏

基本社会化有着不同的特点。

(1) 基本社会化在角色学习的数量上少于继续社会化。

(2) 基本社会化对各种角色的认识具有理想化倾向,而继续社会化则认识得更为深刻、全面和实在。

(3) 基本社会化侧重对角色规范的学习和认识,而继续社会化则由于角色的增多和角色关系的复杂化,显得越来越注重各种角色的相互调试。

因此,每个人完成基本社会化以后,面临的是新的、更为复杂也更为长久的继续社会化。正是这种社会化的终身性,帮助人们不断地协调与社会的关系,更好地在社会中生活,同时促进社会不断向前发展。

可见,正确理解和认识社会化过程的终身性,对于全面把握社会化理论,指导社会化实践,有着十分重要的意义。

第4节 人的社会化的途径

社会化是在一定社会环境下通过一定的途径实现的。社会环境可分为宏观环境和微观环境两部分。其中,宏观环境指个体所处的时代、国家、民族、阶级阶层以及所遭遇的社会历史事实,而微观环境则是个人直接生活于其中的群体和组织,如家庭、同伴群体、学校、工作单位等。宏观环境规定了社会化的基本内容、性质和方向,而微观环境直接作用于个人生活,对个人的影响最大。因此可以说,一个人社会化的具体情况,基本上是由微观环境决定的。本节将着重探讨一下家庭、学校、同伴群体、工作单位和大众传播媒介在社会化过程中的作用。

一、家庭对个人社会化的影响

家庭是个体生活的起点,也是个体社会化最主要的执行单位。在社会化过程中,家庭的重要性主要表现在以下几个方面:

(1) 家庭教育和家庭环境的影响是个人社会化的开端,它为个体社会化的全部过程奠定了基础。童年期是人的一生中社会化的关键时期,这个时期社会化的成败将影响到个体的一生,而童年期的社会化主要是在家庭中进行的。

笔记栏

(2) 对于个体早期社会化来说,家庭环境因素对个人的观念、心理和行为习惯会发生潜移默化的深刻影响。一方面,家庭在整个社会结构中占据着独特的地位,诚如马克思、恩格斯所言:“家庭起初是惟一的社会关系”。现代家庭虽然不是惟一的社会关系,但对个体来说,家庭无疑仍是最早的社会关系。从儿童出生起,家庭便赋予其包括民族、宗教、阶级、阶层、经济状况等社会特征,而这些特征中的每一个环节,都有可能对日后的社会化发生重要的影响。另一方面,父母的经济收入、生活方式和文化教养等,也都通过日常的家庭生活和交往活动对儿童的行为规范、心理特征、价值观念、生活习惯等产生重大影响。

(3) 家庭环境对个人社会化的意义在于对儿童感情和爱的培养。在各种社会环境中,家庭所能给予个人的感情的交流和爱的体验是最多的。人一出生就接受母亲的哺乳,以及父母及其他亲人的关爱、搂抱、亲吻、爱抚、逗乐和安慰,而这一切活动都伴随着丰富的感情交流,使儿童体验到接受别人的爱,也能给予别人爱,这在很大程度上取决于其所处的家庭环境条件。

(4) 家庭中父母的权威对儿童的社会化具有重大影响。一般来说,儿童的依赖生活期都是在家庭环境中度过的。由于儿童在生活和心理上对父母的依赖,很容易使父母成为儿童心中的权威。而父母借助这种权威对子女进行的社会化指导是子女无法抗拒的。家庭环境中的权威形象和亲子之间感情的交流,使家庭社会化对个体的心理和观念具有强大的渗透力和塑造力。

家 庭

家庭是人的社会化的场所,对人的社会化在多方面有重大影响。家庭是人生的第一所学校,父母是子女的第一任教师。家庭不仅是人类社会活动的初级群体,更是个人社会化的第一个场所。

接链

二、学校在社会化中的价值

随着年龄的增长,儿童开始进入学校接受正规教育。

儿童进入学龄期之后，学校和教师的教育作用逐渐取代了家庭和家长的教育作用，成为儿童和青少年社会化最重要的途径和因素。

作为社会化的重要机构，学校的作用主要表现在两个方面：

（1）学校是专门为人的社会化而设立的学习机构，它为学生提供了接受有组织、有目的系统化教育的各种条件。与学校教育相比，家庭社会化往往采取一种耳濡目染、潜移默化的形式，在日常生活中自然而然地实现。而学校中的社会化则强调专门地学习，带有半强制性，因而学校教育对人的社会化更具有指导意义。现代社会的正规教育长达9~16年，在此期间，学校一方面向学生传授各种科学知识和技能，另一方面还要向学生灌输价值观念和社会规范，以维护统治阶级的各项制度。

学 校

学校是有计划、有组织、有目的地向社会成员系统地传授价值观念、社会规范、生活技能和科学知识的制度化机构。

链接

（2）学校的作用还表现在学校使青少年适应有组织的社会生活。学校具有独特、完整结构，是社会的雏形。学生生活其中，必须学习和遵守学校的规章制度和行为规范，必须按照社会规范的要求去扮演自己的社会角色。由于学生在学校中的社会化主要是由教师来执行，因此教师对学生的影响极大，有时甚至超过父母。皮格马里翁效应表明，教师的期望和看法直接影响着学生的发展。班集体对学生社会化的影响也很明显。在班集体当中，儿童不可能像在家中那样被视为宠儿，其必须作为一名普通成员去努力培养自己与他人交往的合作性和独立性，学会参照他人的评价来调整自己的行为。另外，同学之间的相互影响也是很重要的。同学之间的关系是将来社会关系的缩影，能够学会处理同学之间的关系，认识集体精神与合作的重要，从而获得别人的尊重和友情，直接关系到个人未来的发展。经验表明，学生同龄群体中的分化基本上是以完成学习任务的不同成绩为基础的，因此，美国社会学家帕森斯曾说过，学校是儿童经验中以成就为基础的某种地位分化制度的第一个社会代理机构（图2-7）。

图2-7 学生在实验室做实验

三、同伴群体与人的社会化

随着儿童年龄的增长，他们和同龄人一起度过的时间越来越多，同伴群体及其社会化的影响变得越来越明显。这种影响在青少年时期达到顶点，并有可能超过父母和教师的影响。中国青年政治学院的学生们在北京市13~15岁的青少年中进行的一项调查表明，被调查者将心里话告诉他人的首选对象是同性的同龄伙伴，而母亲则被排在其后。

同伴群体对人生的社会化之所以有着如此重要的作用，基本原因在于：

（1）同伴群体是一种非正式群体，它是由个人自由选择的，因此，往往易使其成员产生较高的心理认同感。

（2）同伴群体有自己的价值标准，有自己心目中的英雄、榜样，有自己的语言、交往方式、消费方式乃至服装和发式，并往往因此而构成独特的亚文化群体。

（3）同伴群体的社会化极少带有强制性，往往是在其成员对个人的社交、安全、尊严、优越感的满足之中自然而然实现的。

同伴群体的交往既可以表现为良性的，也可以表现为劣性的。良性的交往能促进青少年积极向上，加速社会化的实现。劣性的交往则会相互传播恶习，助长违反社会规范的行为，甚至结成犯罪团伙，从事违法犯罪活动。

例如，同伴交往可以使儿童摆脱“以自我为中心”，发展良好的社会行为。“自我中心”是个体在婴幼儿阶段所表现出的一种自然的心理特征。这种心理特征随着儿童的心理发展逐渐减弱或消失。但是，由于独生子女成为

笔记栏

家中众星捧月的对象，其“自我中心”倾向也随之加重。如果儿童主动寻求与同伴交往，与同伴在一起的游戏、活动日益频繁，他便会逐渐了解到其他孩子所拥有的权利，并借助于其他孩子的行为来评价自己的行为。随着交往经验的积累，儿童还能逐渐了解群体交往中的规则，产生与同伴交往所需的合作、共享、谦让、同情、助人、宽容等良好的社会行为。日本幼儿教育专家山下俊郎在其《独生子女》一书中指出：“儿童是在同别的儿童的交往中开始从‘自我中心’的‘壳’中解脱出来，了解自我与他人的区别，了解集体中每个成员的权利和义务，培养出各种各样的道德品性的。尊重他人，理解行为规范、协作精神、服务精神这一类品性，不是靠成人的说教，而是靠儿童在游戏活动与社交实践过程中形成的。”简而言之，同伴交往有助于儿童的社会化进程。

四、工作单位与人的社会化

如果说家庭、学校主要与儿童的社会化有关，同伴群体主要与青少年的社会化有关的话，那么工作单位则是成年人社会化的主要场所。

> **工作群体**
>
> 学生毕业后，走上工作单位，开始自己的职业生活。通过职业活动、职业道德、职业成就确立职业地位，实现人生价值。在一个单位一起工作的同事是工作群体。
>
> 链接

(1) 工作单位是个人进行社会化的重要场所。个人要在工作单位的职业活动中学习职业技能，遵守职业规范，学会扮演职业角色等。个人在工作单位中通过自己的职业活动和职业成就，来确立自己的社会地位，实现个人的人生理想和价值，并在这一过程中形成个人的能力、品德、气质、性格等心理特征。可见，工作单位是成年人社会化不可缺少的社会环境因素。

(2) 工作单位给人们提供了一个检验和发展家庭、学校社会化成果的场所。一个人离开学校走上工作单位，就意味着开始真正走上社会。其在家庭和学校中所接受的社会化训练能否适应这个社会，需要在工作单位这一环境加以检验。而且，人们会在工作中学习许多新的价值观念以及新的知识和行为方式，这种新的环境必然促进个人开始新一轮的社会化活动，调整和发展自己原有的价值观念、知识结构和行为方式，有效地适应现实的生活。

笔记栏

五、大众传播媒介对社会化的作用

大众传播媒介的无所不在、无所不包，已在某种程度上改变了人们的交往方式，对人的社会化产生了重要的影响。有人统计，在20世纪初，一个城市居民的闲暇时间70%是用于面对面的交往，而今天则70%以上的闲暇时间是用于大众传播媒介的交往。这种由大众传播媒介所提供的信息组成的“拷贝世界”对人的社会化产生了比真实的“感性世界”更深刻、更广泛的影响。

> **大众传播媒介**
>
> 大众传播媒介简称大众传媒，指的是人们进行信息沟通的各种手段，包括计算机、电视、广播、报纸、杂志和书籍等。大众传播媒介可以同时迅速地向人们传递有关社会事件和社会变革的信息，提供社会角色模式和流行的价值观念。尤其是第二次世界大战以来，计算机和电视的发明与普及极大地拓宽了人们的视野，人们的生活空间得到了意想不到的扩展。
>
> 链接

大众传播媒介通过新闻报道、舆论宣传、知识教育、生活娱乐等方式，为广大社会成员理解和接受中国共产党所倡导的价值观念、奋斗目标、社会规范和行为方式等，提供了广泛的社会环境条件。例如在社会生活中，报刊、杂志、广播，尤其是电视上的商品广告，实际上是在引导人们的消费行为。电视或电影中所描写的生活经历和塑造的人物形象，经常被年轻人当作自己的人生追求和直接模仿的对象。在美国等西方国家，电视被社会学家称为是儿童的主要社会化力量。

但是许多研究表明，大众传播媒介，尤其是电视，在社会化中，特别是在儿童社会化中也具有一定的消极作用：

(1) 电影和电视中的暴力节目直接影响到儿童的侵犯行为。这一结论自20世纪60

年代被著名的社会学习论者班杜拉的实验给予证实之后，经常得到各种调查和研究的进一步支持。

(2) 电视对儿童的学习潜力也有消极影响。有研究表明，电视缩短了孩子注意力的间隔时间，限制了他们运用语言的能力。

(3)电视的播放是快速连续的显示，画面转瞬即逝，不利于人们对各种问题进行深入思考。

除了以上五种主要的社会化因素之外，社区、社会各级组织、宗教团体、俱乐部以及各类志愿者团体对人的正常社会化也具有重要的作用。在现实生活中，社会化的各种因素与各执行者对人的教化和影响是作为一个系统整体而存在的，无论哪一个环节出现问题，比方说父母离异不能保证给孩子提供良好的教育和情感满足，或青少年接触犯罪团伙、阅读不健康的书籍等，都有可能影响个人社会化的顺利进行，甚至导致社会化的失败。因此，在个人的整个社会化过程中，社会的各种组织、群体，以及社会的全体成员都应加强合作，共同承担个体社会化的任务，推动人类自身的健康发展。

第5节　社会化与个体发展

一、个性的形成与发展

每个时代、国家的人都有其共性，同时也有其个性。研究人的个性，对于了解人的行为，了解人的社会生活都是有帮助的。

人的社会化是以一定社会文化为内容的，是把一个“生物人”逐步教化成“社会人”的过程。但是通过社会化，那些取得了社会生活资格的成员，并不完全一样，均具有自己独特的风格，互相间是有差别的。可见，社会化不仅是社会教化、个人学习社会文化以取得社会成员资格的过程，而且还是个人通过学习积累社会知识，发展和形成自己个性的过程。

人的个性是个人社会的产物，随着个人社会化的进程而逐步形成和发展。人的个性，从幼儿期就已经开始形成，最初受外部事物的制约，而且还受个体生理需要的制约。儿童的个性表现，只是简单地服从于他的直接要求和愿望。儿童在身心逐步发展的基础上，在环境和教育的影响下，逐步形成道德观、价值观、态度、气质和习惯，以至开始形成初步的、尚不稳定的人生观和世界观。这是一个人个性形成的飞跃，因为其行为逐步由服从个人的直接需要发展到服从远大的理想。

人的个性的形成和发展，取决于人的生理状况、心理素质和社会生活条件等方面的因素。因此，一个人的个性形成和发展，不仅受自身生理、心理条件的限制，还受到社会关系的制约。

个　性

个性，是一个人在他(她)内在生理素质的基础上，在一定的社会历史条件下，通过社会生活实践的锻炼与陶冶，逐渐形成的观念、态度、气质与习惯等，它是一个人比较稳定的生理、心理素质和社会行为特征的总和。

接链

二、人的个性差异和表现

人与人之间的个性存在着差异，这种差异一般表现在人的兴趣、能力、气质、性格等方面。

兴　趣

兴趣是一个人积极探究某种事物或进行某种活动的倾向。

接链

(一) 兴趣

兴趣标志着一个人在某一方面的积极性，人的兴趣是多种多样的，例如，有的人喜欢打球、有的人喜欢登山、有的人喜欢绘画等。人的兴趣是在社会实践中发展和培养起来的。在各种社会实践活动中，可形成不同的兴趣，有的兴趣是有事物或行动本身引起的，有的兴趣是间接引起的。

兴趣是一种行为的动力，人一旦发生某种兴趣，就可以废寝忘食地去做某种事。兴趣可以培养，也可以改变。特别是青年人，兴趣易得也易失，动摇多变，这是因为青年人有很大

笔记栏

的可塑性和很强的好奇心。成年人兴趣，一般是长期养成的，没有特殊情况，一般不易改变（图 2-8）。

图 2-8 书法兴趣小组

（二）能力

一般能力和特殊能力在实践活动中是统一的。某种一般能力在某种活动领域得到特别的发展，就可能成为特殊能力的组成部分。例如，静脉穿刺原属护士须具备的一般能力，但在护士操作过程中，可能发展成在肉眼看不到静脉的情况下凭某种经验和感觉也可以顺利进行穿刺，这就是在一般能力中发展出来的特殊能力。在特殊能力发展的同时，也发展了一般能力。这种较强的动手能力，有可能迁移到其他操作领域。

能　　力

能力指人们从事社会活动的本领。能力有一般能力和特殊能力之分。一般能力指在多种基本活动中表现出来的能力，如体力、智力；特殊能力指某些特殊活动中表现出来的能力，如音乐、绘画能力以及专门技巧等。

链接

能力是在人的心理素质基础上，经过教育和培养，并在实践活动中吸取集体智慧、经验形成和发展起来的。

能力的显示也有早晚。有的是少年出众，有的是大器晚成。在现实生活中，这样的例子很多。可见，人们长期生活在某种职业环境里，社会的分工、职业上过细的专业化对人生理和心理发展的影响是非常重要的，从而也影响了人的兴趣和能力。

（三）气质

气质只能使人的个性带有一定的色彩，不能决定个性特征的内容。气质特点一般通过人的相互交往显示出来，如有的人易激动，有的人比较冷静；有的人温文尔雅，有的人性情火爆等。气质本身是没有好坏之分的，因为每种气质都存在某些积极或消极方向发展的可能性。

气　　质

气质，是人的情感和活动的快慢、强弱，以及动作的灵敏或迟钝等方面的心理特征。

链接

（四）性格

人的性格是受一定思想、意识、信仰、世界观的影响和制约的。客观事物不断地渗透到每个个体的生活经历中，影响着个体活动。客观事物的影响，通过认识、情绪和意志活动，在个体的反映机构里保存、固定下来，构成统一的态度体系，并以一定的形式表现在个体的行为之中，构成每个个体所特有的行为方式。个体对客观现实的稳固态度，以及有关的行为方式，构成人的心理面貌的一个突出方面，就是性格。由于性格是个体中鲜明表现出来的心理特征，所以它是区别每个人与众不同的特征。有成就的文学家，总是抓住人的本质、核心、最具有代表性的性格特征作为典型加以描绘，使读者感到如见其人、如闻其声。曹雪芹笔下的贾宝玉、林黛玉等，鲁迅笔下的阿 Q、祥林嫂等，都是作者抓住人物的性格特征，加以形象化而塑造出来的典型人物。

性　　格

性格，是表现在人的态度和行为方面的较稳定的心理特征，如刚强、懦弱、果断等，是个性中重要的心理特征，是区别个性的主要心理标志。

链接

人的性格是多种多样的。有的人热情、坚定、果断，有的人冷淡、动摇，有的人顽固、骄傲，有的人自卑等，一时难以尽举。但人的性格与人的气质不同,是有好坏之分的,好坏的　标准就看其对集体、国家与社会有无益处。

案例 2-1　张海迪的故事

张海迪,1955 年秋天出生在济南。5 岁患脊髓灰质炎,胸以下全部瘫痪。从那时起,张海迪开始了她独特的人生。她无法上学,便在家自学完中学课程。15 岁时,海迪跟随父母,下放到聊城(山东省)农村,给孩子当起了教书先生。她还自学针灸医术,为乡亲们无偿治病。后来,张海迪自学多门外语,还当过无线电修理工。

在残酷的命运挑战面前,张海迪没有沮丧和沉沦,她以顽强的毅力和恒心与疾病做斗争,经受了严峻的考验,对人生充满了信心。她虽然没有机会走进校门,却发奋学习,学完了小学、中学的全部课程,自学了大学英语、日语、德语和世界语,并攻读了大学和硕士研究生的课程。1983 年,张海迪开始从事文学创作,先后翻译了《海边诊所》等数 10 万字的英语小说,编著了《向天空敞开的窗口》、《生命的追问》、《轮椅上的梦》等书籍。其中《轮椅上的梦》在日本和韩国出版,而《生命的追问》出版不到半年,就重印三次,获得了全国"五个一工程"图书奖。在《生命的追问》之前,这个奖项还从未颁发给散文作品。最近,她的一部长达 30 万字的长篇小说《绝顶》即将问世。张海迪创作和翻译的作品已超过 100 万字。

为了对社会做出更大的贡献,她先后自学了十几种医学专著,同时向有经验的医生请教,学会了针灸等医术,为群众无偿治疗达 1 万多人次。

1983 年,《中国青年报》发表了《是颗流星,就要把光留给人间》,张海迪一时名噪中华,获得两个美誉,一个是"80 年代新雷锋",一个是"当代保尔"。

张海迪怀着"活着就要做个对社会有益的人"的信念,以保尔为榜样,勇于把自己的光和热献给人民。她以自己的言行,回答了亿万青年非常关心的人生观、价值观问题。邓小平亲笔题词:"学习张海迪,做有理想、有道德、有文化、守纪律的共产主义新人!"随后,张海迪成为道德力量代言人。

张海迪现为全国政协委员,供职在山东作家协会,从事创作和翻译。

问题

(1) 通过学习张海迪的事迹,你认为在学校期间应如何刻苦学习,为将来走上工作岗位打下坚实的基础?

(2) 通过案例分析,你走上工作岗位应如何对待你的职业岗位?

分析　从本案例张海迪大姐在学校学习期间给我们树立学习的榜样,使我们进一步明确了我们的学习目标:

(1) 学好专业基础课,为学好专业课打下良好的专业基础。

(2) 学好专业课,为走向工作岗位奠定良好的专业基础。

(3) 积极参加各项政治活动,遵守纪律,尊敬老师,团结同学,热爱劳动。树立正确地世界观、人生观和价值观,提高自己的道德水准,为走向工作岗位奠定良好的职业道德基础。只有在学校各方面严格要求自己,树立正确的人生价值目标,才能在今后的人生道路上,不论遇到任何艰难险阻,都能正确地去面对,不论遇到多大困难,都能去战胜、去克服,朝着既定的目标前进,像张海迪大姐那样,在平凡的工作岗位上,做出不平凡的业绩。

通过案例分析,我走向工作岗位之后,要做到以下几点:

(1) 爱岗敬业:爱岗是职业人基于特定的道德观念,对本职工作所产生的一种热爱情绪和高度负责的工作态度,敬业也是对人们工作态度的一种道德要求。爱岗与敬业总的精神是相通的,是一种事物的两个方面,都是对人们劳动态度的一种普遍要求。进入工作岗位后,我们就应向张海迪大姐学习,我们要像她那样为了对社会做出更大的贡献,勤学好问、苦练本领、学好专业,为社会做出应尽的贡献,成为一个合格的社会成员。

(2) 服务群众:服务群众就是为人民服务。我们工作的主要服务对象是人民群众,我们心里应装着人民群众,时时刻刻为群众着想,急群众所急,忧群众所忧,乐群众所乐。

(3) 奉献社会:我们走向工作岗位后,要做到奉献社会,就是一心为社会做贡献。它是做人的最高境界,有这种精神境界的的人,从事工作的目的不是为个人、家庭、小团体的利益和名誉,而是为了有益于他人,有益于社会公众,有益于国家和民族。张海迪大姐在奉献社会方面给我们树立了榜样。在今后的工作岗位上,做一个有益于社会的人,有益于人民的人。

总之,爱岗敬业,服务群众,奉献社会三者是相辅相成的。通过爱岗敬业,可以明确确立自己在社会中的位置,从而更好地为人民群众服务,全身心地奉献社会。

笔记栏

社会是由个人组成的有机整体，个人从一个生物意义上的人到一个社会意义的人，适应社会生活、担当社会角色，都需要社会化的过程。特别是当前，社会发展进入21世纪，学习社会化理论有助于认识个人如何成为一个社会的人，认清个人在社会中的地位和作用，有助于把我国建设成小康社会，适应社会的发展和变迁。

小结

目标检测

一、名词解释

1. 社会化的含义 2. 社会角色的社会化

二、简答题

1. 社会化有哪些主要内容？

2. 社会化特点是什么？

三、论述题

你打算如何扮演好自己的社会角色？

笔记栏

第3章 社会群体与社区

学习目标

1. 解释社会群体的含义，掌握社会群体的基本特征
2. 简述初级社会群体的基本特征，家庭、邻里、工作群体的社会功能
3. 明确社区服务的含义和内容

社会群体是人类的基本活动方式之一，是联系个人与社会的中介，通过对社会群体的特征、功能等方面的探讨，达到对社会生活比较全面的了解和认识。社区是人们在一定的地域内形成的区域性生活共同体，在这个地域空间内，人们互相认识、互相依赖、协调共生。本章主要讲述社会群体与社区的主要内容。

第1节 社会群体

一、定义及特征

(一) 定义

社会学所指的社会群体，往往指比较具体、对人们生活与工作有直接影响的群体，例如，两人以上组成的家庭，一个民族或国家，都可以成为社会群体。但并非所有的人群集合体都是社会群体，例如，超市里购物的顾客、电影院里的观众、景区里的游客等，他们虽然是在同一时间出现在同一地点的一群人，但不是社会群体。

社会群体

社会群体是人们通过互相交往形成的、有某种相互关系连接在一起的共同体。

链 接

(二) 基本特征

社会群体是彼此能够产生相互联系的一群人。但并不是任何一群人都可以称为社会群体。这就是说，社会群体具有不同于一般人群的特征：

(1) 群体成员具有经常性的社会互动，社会群体是以一定的社会关系为纽带的个体集合体。群体成员间保持着经常性的互动关系。转瞬即逝的互动不能形成社会群体。例如，一起乘公交车的人。这是因为，社会群体中的人际关系是以彼此了解并有着利益和感情关系为基础的，而这些关系的形成与发展需要一定时间的交往。

(2) 群体成员间是有直接、明确、持久的关系：群体成员组成、加入群体后，会形成成员身份、结构特定的社会关系。在这个群体中，成员之间的关系是直接、明确的。例如，一个正常的家庭，通常是有父母和子女组成，他们之间存在着父子关系、母女关系、兄弟姐妹关系等都是明确、持久的，不可随意混淆(图 3-1)。

图 3-1　不可替代的亲情关系

(3) 群体成员具有共同的群体意识和规范：群体意识及群体归属感，就是成员认为自己属于某个群体。群体意识不仅使群体成员获得了一定的身份感，而且使其产生了维护利益的责任感。在群体最初形成的时候，可能有简单的互动认同关系。随着群体的发展，往往会在内部形成稳定的交往方式，进而形成一定

笔记栏

的公认规范，用来协调成员的行为，以保证群体功能得以实现。

（4）群体成员具有共同的行为期待与行动能力：由于群体成员具有维护群体利益的共同责任感，所以群体成员彼此期待某种有利于群体的活动产生，并且在这种活动中做出自己的努力。

案例 3-1

神舟六号的科研工作人员，在研制过程中，克服了各种技术难题，使神舟六号顺利地升入天空，又顺利地返回地面。这种成就的取得，是因为整个科研团队，拥有一个共同的目标，拥有一种神圣的使命感，在激发他们的科研工作热情，他们废寝忘食、通力协作，最终使神舟六号载入航天飞行的史册。整个团队为航天事业的发展做出了重大贡献。

二、地位及功能

在社会生活中，由一个个的人根据不同的社会关系，组成了许多社会群体。社会群体能满足人的各种社会需要；社会借助于各种社会群体来组织、协调和管理人们的社会生活，以实现社会的有序、协调发展。社会群体在人类社会中的地位和功能表现如下：

1. 满足人们各种需要的功能 人在社会化中具有各种需要，每一层次需要的获得及满足都离不开社会群体。在现代社会中，即使是生理上的吃、喝、生殖等需要的满足，也与动物的吃、喝、生殖行为具有本质上的区别而具有强烈的社会性。

2. 为个人的社会化提供了必要的场所和条件 人的社会化与社会群体紧密相连，家庭、邻里、朋友群、学校、单位和其他社会组织等是人的社会化的重要场所和条件，离开了这些社会群体，就不可能实现个人的社会化。

3. 社会整合的必经阶段 社会化中的个人在结合成社会整体之前，必须结合成各种社会群体。家庭以及人口生产和某些方面的物质生产、精神生产等社会活动，为社会整合提供了必不可少的物质条件和精神条件。随着阶级的产生和发展，国家通过军队、警察、法庭、监狱等专政机构，制定各种法律规范，采取各种措施，来加强自己的整合。各个社会组织也相应地制定出适合于自己整合需要的群体规范，来规范社会群体中每个成员的行为、言行。这些社会的整合，是社会稳定和发展的基础，也是建立和谐社会的基础。

马斯洛的需要层次论

英国心理学家马斯洛（Maslow）在1943年出版的《调动人的积极性理论》一书中初次提出了需要层次论，到1954年，在他的《动机与人格》一书中又对这项理论和个性方面的问题做了进一步的阐述，成为行动科学激励理论之一。马斯洛在他的需要层次论中把人的需要分为五个等级，即：

（1）生理需要。

（2）安全需要。

（3）归属和爱的需要。

（4）自尊的需要。

（5）自我实现的需要。

链接

4. 实现社会目标的社会单位 社会是由群体组成的，社会目标的实现，离不开社会群体。在现代社会里，任何一项社会目标，都要通过社会整体所属的社会群体来实现。例如，我国提出在21世纪全面建设小康社会，加强社会主义现代化建设的社会目标，只有通过各行各业各种社会群体的共同努力奋斗，才有可能实现，否则，小康社会就会成为一句空话。

三、类　　型

由于人们对社会群体的研究角度不同，因而采取的分类标准也不相同。

（一）初级群体和次级群体

根据群体成员间关系的密切程度，社会群体可以划分为初级群体和次级群体。

初级群体是由于面对面互动所形成的、具有亲密的人际关系和浓厚的感情色彩的社会群体，典型的初级群体有家庭、邻里、朋友和亲属等。初级群体反映着人们最简单、最初步的社会关系。

次级社会群体是其成员为了某种目标集合在一起，通过明确的规章制度结合成正规关系的社会群体。群体成员间的感情联系相对不如初级社会群体，面对面互动有限。典型的

笔记栏

次级社会群体是各类社会组织，如公司、政府机构、医院、学校等。

(二) 正式群体和非正式群体

根据群体的组织化、正规化程度，社会群体可以分为正式群体和非正式群体。

正式群体是成员的地位、角色和规范以及权利、责任和义务都有明确的规定，并有相对固定的成员身份的群体。例如，企业、机关、学校等都是正式群体。正式群体的组织化、正规化程度高，其成员间的互动采取制度化、规范化的方式。

非正式群体是社会组织内部的成员在日常互动中自发形成的人际关系系统。例如，到公共场所一起跳舞活动的人们。

上面两种划分法的出发点和划分标准不同，因而不能简单认为非正式群体就是初级群体，正式群体就是次级群体。尽管他们有许多共同点，但不能等同。

第2节　初级社会群体

一、定义及特征

(一) 定义

初级社会群体是由面对面的交往形成的，具有亲密的成员关系的社会群体。这种群体反映人们最简单、最初步的社会关系，是构成社会生活的基本单位。

在我国的社会学研究中，初级社会群体主要指家庭和由相邻家庭组成的地域性群体——邻里。

(二) 特征

1. 规模小　只有在小规模的群体里，成员才有可能进行全面、深入的交往，才能建立起比较亲密的、具有浓厚感情色彩的人际关系，初级社会群体的规模一般在几人或二十几人之间。

案例3-2　我应该与几个人住一屋

当学生开始上大学时，通常他们所做的第一个独立决定是住哪里。如果不是住家里，那么他们就有广泛的选择——他们可以独居，可以与一个室友住在一起，可以与2~3个人共住一套公寓，或者甚至与四个或更多的学生共租一座房子。显然，每一种选择既有长处又有局限。即使学生相互之间非常了解，也会发生些问题，所以选择住的方式是一个很难的决定。

社会心理学的研究揭示了一些有趣的知识信息，它们可以帮助学生在居住安排方面做出合理的选择。这种知识可帮助学生了解，在选择居住方式时，哪些行为模式是可期望的。

像在正文中提到的，最小的群体即两人群体，最大程度地提供了潜在可能的亲密关系，这可能为群体成员提供很大的满足之源。但因为两人群体依赖于一种单一的关系，当他们在一起时，为保持与另一个人连续地交流，每个人都有一种特殊的责任。

这对大学室友来说意味着什么呢？两人群体可以保证两个参与者的情感支持。然而，群体规模也可能是一种紧张之源，它可能使这样一种关系很难维持。两个群体成员间的亲密无间可能妨碍他们的隐私。他们也许因要常常检点自己的行为和感觉而感到有压力。那些想要扩大社会生活、去体验许多新事物的学生，也许会感到不得不经常与某个人在一起是一种紧张。但对那些想要开始努力学习并要取得好成绩的学生来说，只有一个室友也许会是件很有益的事，尤其是那些志同道合的室友。

当第三个人加入这个两人群体时（形成了一个三人群体），他们的关系就起了戏剧性的变化。如果第三个人起调解者的作用，就会加强群体的稳定性。若第三个人受人尊重、两人都对他或她很信任，当群体中两个成员间发生了冲突，他或她就可以帮助缓和气氛并弥合他们之间的差异。但社会学家注意到，第三个人如果试图成为主导者，他或她也可能就是关系紧张的来源。三人群体碰到的另一个问题是，如果其中的两个成员经常是意见一致的，则有可能将第三者晾在一边，使这个人感到受欺侮、被拒绝。

很明显，不会有对每个人都会是最好的群体规模，因为没有哪两个人会有同样的需要。但研究表明，一个小群体的最合适的规模是五个人。大多数人发现，在一个很小的群体中，经常面对面的互动但又缺少平等，会显得太紧张。并且他们感到，如果群体超过五个人就太大，这也许是因为他们相信，在这样的群体中，每个人只能扮演一个很有限的角色。

五人群体似乎具有了三个稳定的、令人满意的特征:①奇数的成员数目使犄角平衡成为可能;②这样的群体倾向于分裂成一个三人的多数派和一个两人的少数派,因此没有人会完全感到被抛弃。③这样的群体大小足可以使其成员轻易地从一种角色转到另一种角色,例如从领导者转变为协调者,而不会使某个人总处在一种位置。所以那些将选择在校园外同租一座房子或较大公寓的学生,可以考虑这样一种居住安排,因为它似乎提供了最好的机会,限制也最少。

问题

(1) 通过案例分析你选择几个人住一个宿舍?

(2) 五人群体的特征及其优势。

分析 应选择五人住一个宿舍为好。五人群体似乎具有了三个稳定的、令人满意的特征。另外,五人群体费用低,可以减轻家庭的负担。

案例 3-3

姜小云的家里有五口人,公公、婆婆、丈夫、儿子;儿子在上初中。她今年 34 岁,对待老人尊重、孝顺;对待丈夫,在工作上给予支持,生活上给予关心;对待孩子,在学习上严格要求,她虽然文化程度只有初中毕业,但她在辅导孩子的同时也提高了自己的文化程度。每天晚上给孩子听写英语单词、辅导作业。她工作之余,担当起做饭、洗衣服、擦地等家务劳动,从没有任何怨言。家庭关系处理得非常好,公婆见人就夸他们家有个好儿媳,且家人从来没闹过意见。

姜小云在家庭中的这种无私奉献精神给我们青年学生树立了学习的榜样。现在有一些青年人,在家庭中没有责任感,向往饭来张口、衣来伸手的生活,整天因为家务劳动闹意见,甚至导致家庭破裂。

通过对本章学习,要明确我们自己在家庭中的责任,在家庭中要爱劳动、讲奉献、不斤斤计较生活中的小事。只有这样,才能出现更多的和睦家庭。

2. 有长期、经常的面对面的互动 在初级社会群体中,由于人数少,成员之间可以直接交往而不需要中间环节。在直接的面对面的交往中,相互之间对彼此的言行、举止都很熟悉,从而增进了彼此的感情联系。

3. 成员具有多重角色,表现了全部人格特征 在长期的交往中,初级社会群体的成员之间形成了多种角色。这种角色关系的形成淡化了角色间的界限,打破了角色之间的严格分工。在初级社会群体的活动中,个人通常将自己的全部个性投入进去,表现出多方面的人格特征。

4. 成员关系带有浓厚的感情色彩,人际关系密切 人际关系密切是初级社会群体的最重要的特征之一。在初级社会群体中,由于长期、深入、面对面的交往,成员之间能形成比较亲密、具有浓厚感情色彩的关系。这种关系,使初级社会群体中的成员具有不可替代性(图 3-2)。

图 3-2 家庭成员面对面的交往

初级群体概念的来源

初级群体有时也被称为初级社会群体或首属群体。初级群体的概念最初是由美国社会学家库利(Cullinan)提出来的。他在 1900 年出版的著作《社会组织》中,把家庭、邻里、儿童游戏群体称为初级群体。他认为,初级群体具有亲密的面对面交往和合作等特征。这些群体之所以是初级的,其意义是多方面的,但主要是他们对于个人的社会性和个人理想的形成是基本的。

接链

笔记栏

5. 群体一般靠非正式的控制来维持 在初级社会群体中,一般不采用严格的规章、法律、制度等正式社会控制的手段来维持关系。群体成员能够很好地处理相互关系，所依靠的是习惯、风俗、道德伦理和感情。

二、主要类型

初级社会群体主要包括家庭、邻里和工作群体。

家庭的起源和发展

恩格斯在《家庭、私有制和国家的起源》一书中，根据美国早期人类学家摩尔根的研究，指出人类家庭的发展经历了几种形式：

(1)血缘家庭。这个阶段婚姻集团是按辈分区分的，即辈分相同的男女互为夫妻。

(2)普那路亚家庭。处在这一发展阶段上的家庭已经禁止近亲兄弟姐妹之间的通婚，它是群婚制的高级形式。

(3)对偶家庭。它是从群婚制到一夫一妻制家庭形式的过渡。

(4)一夫一妻制家庭。这种家庭和对偶家庭的不同之处：①按规定一个男子只能拥有一个妻子；②婚姻关系更加坚固和持久，已不能由任何一方任意解除了。

链接

(一) 家庭

1. 家庭的含义 家庭是建立在婚姻和血缘关系上的，成员之间亲密合作、共同生活的群体。家庭是社会的细胞，是人类社会生活的基本单位。以婚姻和血缘关系为纽带是家庭区别于其他初级社会群体的关键所在。正是这种婚姻和血缘上的联系形成了家庭成员之间亲密无间、心心相印的关系。

2. 家庭的社会功能 是家庭对于家庭成员的生存和社会发展所起的作用。具体讲有以下功能：

(1) 生产和消费功能。在以生产资料私有制为基础的社会里，财产归家庭所有，家庭是组织生产的基本单位，担负着生产供自己家庭成员消费的生活资料，并生产与别的家庭交换的商品。家庭又是消费单位。以家庭为单位核算收入和支出，是社会消费的基本特点之一。尽管资本主义社会的发展促使了生产社会化的程度，使家庭的生产功能大大减弱了，但是，从总体上看，无论是实际生活中，还是法律规定上，家庭的生产和消费功能并没有取消。即使在生产资料公有制的社会主义国家，家庭的这些功能在今后相当长的时期内仍不会消亡。

(2) 生育和赡养功能。自从人类实行个体婚姻制以来，家庭一直是生育子女、繁衍后代、进行人口再生产的基本单位。赡养是子女对父母生活上的供养和照顾。父母与子女所具有的血缘和情感联系使得家庭成为赡养老年父母最理想的场所。

案例 3-4

2006年，某职业技术学院评选的五好家庭：石女士的家庭。她一家七口人，有公公、丈夫、女儿、儿子、儿媳妇和孙子。她的公公今年80多岁，患脑血栓，不能走路，石女士退休后在家精心照顾老人，还担当起接送孙子上幼儿园、做家务的重任。在她的影响下，她的儿女和儿媳在单位工作积极主动，对工作认真负责，进步很快，回家后都主动帮助老人做家务，全家人和睦相处，是典型的和谐家庭，这种家庭为建立和谐社会奠定了坚实的基础(图3-3)。

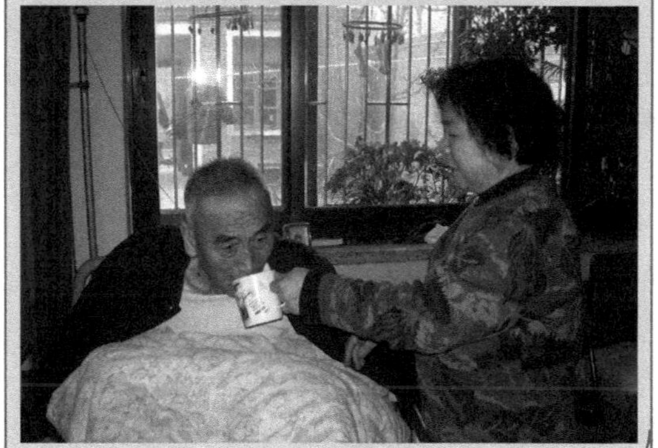

图3-3 照顾老人

(3) 休息和娱乐的功能：家庭是个人休息和娱乐的场所。家庭娱乐对于儿童的社会化具有特别重要的意义。在家庭娱乐和游戏活动中，儿童学会扮演一些社会角色，掌握相应的角色规范。对于成年人，家庭的休息和娱乐，能增加家庭生活的乐趣，丰富家庭生活的内容，密切家庭成员的关系，从而满足家庭成员的心理和生理要求。例如，有的家庭下班回家后会一起打羽毛球、跳舞、玩游戏等。

笔记栏

当然，家庭所具有的上述功能并不是一成不变的，随着社会的发展，一方面，家庭的部分功能会外移；另一方面，新的家庭功能又会产生。

（二）邻里

1. 定义 邻里是在地缘关系基础上结成的友好往来、守望相助的共同体。在人类社会中，最初出现的是同姓居住的邻里。随着社会生产的发展而出现的迁徙，导致了杂姓混居的邻里的产生。杂姓邻里的出现是历史的进步，有利于社会生产的发展。因此，重视研究现代邻里的功能，有利于促进现代化建设、有利于和谐社会的建设。

2. 社会功能 在现代社会中，随着市场经济的发展，人们迁移频繁，加之高楼大厦的兴建，使邻里关系淡化。在大城市，传统的邻里形式已基本消失。但在农村和小城镇，邻里依然是很重要的初级社会群体。

建设和谐社会，是最近几年来社会谈论最多的话题之一。在都市，和谐社会的建设，离不开和谐社区的建设；而和谐社区的建设，则需要从睦邻友善开始。

说到邻里之间的关系，民间最通俗的说法是“远亲不如近邻”。上升到学理，孟子说得好：“乡里同井，出入相友，守望相助，疾病相扶持，则百姓亲睦。”邻里之间那种友善相处、有难相互扶持，很是让今天置身于钢筋水泥森林中的都市人神往不已。当然，这是传统农业社会下的一种理想情形。在都市，20 多年前，同一单位者居住在同一街巷，或住同一大院或同一幢楼，由此形成的邻里关系，从本质上说，与传统农业社会邻里关系区别不是特别大。

近 20 多年来，中国社会的急剧变化，方兴未艾的小区，从根本上改变了都市传统邻里关系。加之现代人对隐私权的尊重，这都让都市人感觉突然间生活于一群陌生人之间。

熟悉的陌生人

你和你的邻居，彼此在对方眼中，可能是“熟悉的陌生人”——因为每天同乘一座电梯，同到一个菜市场，朝夕相见，所以混了个脸熟；但可能做邻居多年，彼此都没有打过招呼，都不知道对方姓甚名谁；因此，相互间仍然是陌生人。

链 接

笔记栏

今天，我们倡导“睦邻日”，呼唤重建都市新邻里关系，不是说要完全回到过去。重建新邻里关系，是提倡一种符合现代社会人际关系的新准则，一种新的公德意识。邻里之间，平时不相互干扰、影响对方的生活，有困难时，则伸出必要的援助之手。也就是说，过去邻里之间“守望相助”的情怀，仍然值得都市人发扬光大，而且也应该成为我们重建新邻里关系追求的一种方向。

（1）生产上的相互合作、在传统的社会中，邻里之间在生产上的相互合作、互通有无显得非常必要。随着生产社会化程度的逐步提高，家庭基本丧失了生产功能。邻里的生产互助功能明显削弱了。但在目前，我国农村由于实行家庭联产承包责任制，家庭的生产功能有所强化，邻里的生产互助功能也有加强的趋势。

（2）生活上的守望相助。邻里之间在空间上比较接近，生活上便于相互帮助、相互扶持，即所谓“远亲不如近邻”。目前，在我国经济还不够发达，社区服务机构还不够健全的情况下，邻里在生活上的守望相助作用还很重要。

案例 3-5

家住市区某小区的沈大妈，几乎每天都要去邻居黄大妈家看看。住在楼下的何师傅夫妇俩，也经常来跟黄大妈拉拉家常。去年年底，黄大妈被查出肺癌晚期。她老伴已去世，儿子又在国外，于是邻居们担负起了照顾黄大妈的责任。

（3）感情上的相互交流。邻里是人们交流思想、联络感情、满足精神需要的场所。邻里在闲暇时间经常交往、聊天，可以沟通思想、交流感情、增进友谊、丰富闲暇生活。

（4）有助于青少年的社会化。由于邻里之间经常打交道，彼此的思想行为对于青少年会起到重要作用。对青少年的教育包括家庭、学校和社会三个方面，而邻里就是一个小社会，邻里的影响是社会教育的一个重要方面。

我们中国是个文明古国，素以“礼仪之邦”闻名于世，礼在我们今天的社会生活中，主要体现在待人接物、言谈举止上。举止有礼，一举一动都遵守社会公德，大方而得体。

以礼待别人，别人也会以礼待你，礼尚往来，“爱人者人恒爱之，敬人者人恒敬之”。邻里之间以礼沟通友谊，以礼促进友谊，以礼赢得和睦与安宁，以礼塑造善良诚实的品格。

而“诚”，就是一种发自我们内心的诚挚之意，这种发自内心的诚挚之意升华，大到处事之道，指的则是信实无妄。对于一个人，诚实的品质并非与生俱来的，他需要通过后天的努力才有可能获得，“朋友应说真心话，待人以诚一片心。”只有以诚相待，以心换心，才能有真正的友情。世界变化无穷，诚实似乎越来越难做到，实际上“诚招天下客，和气能生财”。邻里之间彼此都以诚相待，大家就会和睦相处，所以我们还必须把诚信推及他人，以此来制约自己在社会上的一举一动，妥善处理、协调好自己与他人的关系。

案例 3-6

小王与邻居相处得很和睦、融洽。他有一个弟弟、一个妹妹，他家的左右邻居也都各有一个小孩，年龄都差不多。在邻里还有一位老奶奶，平时一有好吃的，老奶奶总招呼大家一起分享，大家也常奶奶长奶奶短地叫得她眉开眼笑。几个小孩都很要好，大人们也相处得很好。这其中并没有什么奥秘，如果要邻里相处得好，就少不了“礼”和“诚”。

当然相处得好的邻里，除了以礼、以诚相待，还有谦让、尊老爱幼等，这些都是我国的传统美德。人人都希望生活在温暖和谐的环境中，都希望世界充满爱心与微笑，其实这并不难，只要人人都知礼有礼、以诚相待，这种温馨就会时刻环绕着我们。

（5）社会控制的功能。邻里是社会道德、社会舆论、行为规范的发源地之一，它对于一些越轨行为能起到监督作用，从而约束人们的行为，起到良好的社会控制作用。

（三）工作群体

1. 定义 工作群体是以业缘关系为纽带结成的、有经常的面对面交往的初级社会群体。在我国目前的体制下，工作群体大多是社会组织的基层单位，比如工厂中的班组、学校中的教研室（组）、机关团体中的处室等。但也有少量的工作群体是社会成员自发组织起来的。这里研究的主要是作为社会组织的基层单位的工作群体。

2. 功能

（1）完成任务。工作群体作为社会组织的基层单位，是为了有效地完成组织所赋予的任务。因此，完成任务的好坏、工作效率的高低，是工作群体功能发挥如何的标志，是其社会价值的根本所在。如果失去了完成任务的功能，工作群体就失去了存在的必要。因此，为了完成工作任务，工作群体必须以任务为中心安排群体活动。

（2）交流感情。工作群体人数不多，成员是以工作任务而汇集在一起的，由于经常、面对面的直接互动，自然就会形成初级群体所具有的交流感情的功能。一个良好的工作群体，能使其成员具有明显的认同感和安全感，在交流感情方面能发挥重要作用；甚至工作群体中有的成员还会把他们在其他基本群体里不便流露的感情，在工作群体中的同事面前流露出来。例如，某教师和同事在交流感情方面就是这样做的，她们把工作中存在的困难，在各方面有什么需要解决的事情都相互交流，然后相互帮助。有时工作再忙，但心情感到很舒畅。由此看来，在现代社会一些邻里关系淡化的情况下，工作群体在交流感情方面的功能更加突出，越来越重要。

（3）实现人生价值。在实现人生价值方面，工作群体比其他初级社会群体有着不可比拟的优势。因为人生价值主要是在集体生活中、在集体劳动的过程中实现的。一个工作群体，如果在其成员能够保质、保量地完成各项工作任务的同时，满足其群体成员的多种需要，使自己的价值得到实现，那么这个工作群体就有了来自群体成员的内在的激励机制，而不断地提高工作效率。

（4）调节人际关系，建立和谐社会。在社会生活中一个人不可能脱离他人而独立存在，总是要与他人建立一定的人际关系。在工作群体中，由于成员之间工作性质相同、知识水平相近，或相互间认同感强，或有共同的兴趣、爱好等，容易建立一种和谐、团结、融洽、友好的人际关系，从而使成员感到心情舒畅、愉快，促进身心健康，提高工作和学习效率。同时，在工作群体中，成员通过与他人建立良好的人

笔记栏

际关系，对自己能有良好的评价，通过与他人交流，特别是倾听别人的意见、及时调整自己的不良行为，能更好地起到稳定社会的作用。社会上的每个工作群体的成员都处理好人际关系，就能进一步促进和谐社会的建立。

第3节 社 区

一、一般概念

“社区”一词从提出到现在，其含义发生了很大变化。现在我们所谓的社区，指聚集在一定地域中人群的生活共同体。具体而言，社区是在一定地域内发生各种社会关系和社会活动，有特定的生活方式，并具有成员归属感的人群所组成的一个相对独立的社会实体。

社区概念的来源

德国社会学家滕尼斯（Toennies）在1887年出版的《社区和社会》一书中最早使用了“社区”这一概念。德文社区一词为“gemeinschaft”，译为共同体、公社、社区等。滕尼斯在书中将社区“gemeinschaft”与社会“gesellsschaft”进行对比分析，以说明两种不同的社会团体的本质特征和社会变迁的趋势。他认为，人类社会正从一种由具有共同习俗和价值观念的同质人口所形成的、关系密切的、富有人情味的社会联合（gemeinschaft）向由契约关系和理性意识形成的联合（gesellsschaft）变化。20世纪30年代，我国社会学者在翻译社会学文献时，赋予社区以在一定地域内共同生活的社会群体的含义，并延续使用下来，成为社会学的一个专用概念。

链 接

二、基本要素

社区作为一个社会实体，由以下一些基本要素构成：

1. 有以一定的社会关系为基础组织起来共同生活的人口 社区是一个社会整体中相对独立的区域性的生活共同体，也就是社会整体的一个局部。相当数量的具有相互联系的人群是社区存在的首要条件。一定数量和质量的人群是构成社区的主体，他们既是社会产品的创造者和消费者，又是社会关系的承担者。

笔记栏

2. 有人们赖以从事社会活动的、具有一定界限的地域条件 地域是人们活动的场所，是人们进行共同社会活动的依托。地域条件是地理位置、资源、气候、交通、经济等，一定的地域条件是社区存在的基本的自然环境条件。同时，社区提供活动的空间和生存的资源，制约着生活在社区中的人们的社会生产和生活。

3. 有一整套相对完备的生活服务设施 社区生活服务设施是社区成员、生活所必需的物质条件。它包括生产设施、交通设施、通信设施、生活设施和文化娱乐设施等。这些设施是人们长期从事社区建设取得的物质成果，为社区成员提供社会生活服务，是衡量社区发展程度的重要标志。

4. 有共同的社会生活 进行共同的社会活动即共同的社会生活是社区的本质特征。人们在某一地理空间所进行的共同的社会生活是多种多样的，相互关联的经济活动、文化活动、精神活动为满足社区居民的需要提供了可能。利益相关的共同活动使社区居民以一定的方式联系和组织起来，形成社会生活的共同体。

5. 有自己特定的文化 社区文化是一个社区得以存在和发展的内在要素，是人们在社区这个特定区域性的生活共同体中长期从事物质生产和精神活动的结果。每个社区都有自己的历史传统和社会条件，形成特有的文化、生活方式，从而使社区人群具有情感上和心理上的认同感及其对社区的归属感。

6. 有较完整的社区管理体系 社区管理体系主要包括社区管理所依据的习俗、道德、制度等行为规范、管理机构、管理手段和管理内容。一个社区具有相应的管理体系，社区的各种社会关系、社会行为、社会生活等才能正常运行。社区有一定的制度和管理机构，能起到协调各种社会关系的作用。

以上要素是各种社区的共同点，但在不同社区具备这些要素的程度又有不同。

三、分 类

社区研究中最基本、最主要的分类方法，是以经济结构、人口密度和人口聚集规模的多元标准，把社区划分为农村社区和城市社区。这种划分对于分析社会变迁具有重要意义，下面我们将重点介绍。

(一) 农村社区

1. 定义 农村社区指以从事农业活动为主的人们所组成的地域性社会生活共同体。农村社区是人类社会中最基本的一种社区形式,是伴随原始农业的出现而出现的,有着悠久的发展历史,通过自然起源、社会组合和农村建设等途径而形成。

2. 特点 农村社区的自然环境、劳动方式、居民构成、文化特征与城市相比有许多差异,构成了自身的一些特点。

(1) 人口方面。从量上看,人口密度稀疏;从质上看,表现为农民文化水平较低,相互之间的差别较小。

(2) 社会生活方面。经济生活简单,主要从事农业生产,劳动强度大;劳动技术简单,专业分工不发达;社区设施和文化生活简单。

(3) 社会关系方面。人与人之间关系密切,富于合作态度与有同情心理;交往方式单一,内容简单,以地缘关系为纽带,血缘关系浓厚。

(4) 社会结构方面。居民的阶层结构较简单,职业分化程度低,缺乏科层组织;家庭是农村社会结构中最主要的单位,不仅是血缘单位,而且是生产单位、消费单位和保障单位。

(5) 文化心理方面。受地域、交通的限制,单调的社会环境、相似的职业,使农民重视习俗,生活方式有较强的固定性,居民的传统观念较浓厚,社会文化变迁的速度较慢。

(二) 城市社区

1. 定义 城市社区指由从事工商业及其他非农产业的居民所组成的、有一定人口规模的地域性社会生活共同体。在这里,一定规模的人口是主体,工商业及其他非农产业是人们的主要经济活动,地域则是他们的基本活动空间。

2. 标准 城市社区的界限标准一般有两个:①社区居民的从业性质,社区人口中必须以从事非农活动的居民为主;②聚居的人口要达到一定的规模。根据1971年联合国《人口统计年鉴》的资料,多数国家以1 000~10 000人作为划分城市的最少人口规模,其中尤其以2 000~25 000人口规模的城市最多,而联合国则以20 000人作为城市人口规模的下限。

我国城市社区的分类

(1) 按市区非农业人口数量可划分为大、中、小三级城市。在我国,100万人口以上的城市为特大城市,50万~100万人口的为大城市,20万~50万人口的为中等城市,20万人口以下的为小城市,其中不够建设城市标准的称为镇。

(2) 按城市在国家行政管理体系中所处的不同地位分为直辖市、计划单列市、地级市和县级市四类。其中县级市又分为省辖县级市和州(市)辖县级市两种。

(3) 按城市职能分类可分为:以几种职能为主的综合性城市,它包括中央、省(自治区)及一部分地区(州)政府所在地城市。以某种经济职能为主的城市,其中最多的是工矿业城市,如鞍山、淄博等;港口城市,如秦皇岛等;林业城市,如伊春等。以特殊职能为主的城市,包括革命纪念地,如井冈山、延安等;风景旅游城市,如北戴河、桂林等。

接 链

(三) 特征

城市与农村是两种不同的社区,城市社区有不同于农村社区的特征。

1. 人口聚居的规模大,密度高 不同国家城市社区人口规模的标准不同,一般说来,城市规模越大,人口密度越高,其结果是人们活动的空间狭小,交通比较拥挤。

2. 经济活动复杂,商品经济发达 现代城市以工业、商业和其他非农产业为主要经济活动,城市居民以此为生。城市成为社会经济、政治、科技、文化活动的中心。

3. 人际交往中情感色彩淡薄 由于城市居民之间大多缺乏血缘和地缘关系,人们又都以快节奏从事自己的活动,再加上城市中人际交往增多,人们参与社会生活的层面扩大,一般说来,城市居民在人际交往中情感色彩比较淡薄,临时性的、就事论事式的交往方式比较普遍。

4. 生活方式多样化,社会文化变迁速度快 由于城市居民的迁出点、职业及所受教育不同,并容易接受其他文化的影响,所以城市居民的生活方式丰富多彩。城市社会生活紧

笔记栏

张程度高于农村，生活节奏快，时间观念强，竞争激烈，社会文化变迁较快。

5. 社会结构复杂，家庭规模缩小 城市社区聚集着众多的公司，密布着许多商业网点，从生产到消费使整个社区环环相扣，导致城市管理体制和科层组织的复杂结构。随着家庭规模的缩小，许多传统家庭职能逐步为社会所取代，家庭观念日益淡薄。

城市作为社会的政治、经济、文化中心，是社会新的生活方式的汇聚地，流行各种新的时尚，产生和传播新的思想和新的观念。在社会发展中，应充分发挥城市中心地位的作用。

第4节 社区服务与社区的发展

一、社区服务

(一) 定义

社区服务是一项社会区域性的便民措施。就城镇而言，社区服务是在地方政府倡导下，以街道居民委员会等基层性质社区组织为依托，为满足社区成员的各种需要而进行的社会服务活动。

(二) 建立完善的社区服务体系

社区服务要贯彻“大服务、大福利、政府办，小服务、小福利、社区办”的指导思想，进一步完善社区福利服务，大力发展以家庭服务为重点的便民服务，开拓帮助企业卸包袱的社会服务，形成以社区服务为中心的基本阵地，形成市场手段与非市场手段相结合的较为完善的社区服务体系。那么具体而言，如何建立一个完善的社区服务体系呢?

(1) 使社区服务成为有活力的自运转系统。它可以分为三个层次：福利性服务、行政事业性服务和商业服务。

(2) 在街道一级普遍建立功能齐全、设备先进、规模较大的社区服务中心，作为开展社区服务的基地和载体。

(3) 建立和完善市、区、街道、居委会四级社区服务网络。

(4) 大力推进符合群众需要的有偿服务项目，使社区向第三产业方向发展。

(5) 普遍建立街道社会福利基金，作为统筹社区服务资金的“蓄水池”。

(6) 开展社区工作专业教育，培训社区服务工作人员，推动社区服务工作向专业化方向发展。

(7) 建立社区服务工作评价指标体系和目标管理体系。

(三) 加强社区管理的对策

1. 提升社区管理者的服务意识和居民的参与意识 通过强化社区管理的学习与宣传，使各级干部及工作人员进一步增强社区意识，充分认识社区管理对于提高社区和城市管理的重要意义，从而在制定有关政策和措施时，真正体现出思想认识到位，管理服务重心下移的精神，使社区建设发展的规划进一步合理，体制进一步理顺，机制进一步完善；强化宣传的对象，是广大人民群众，要充分运用各种宣传舆论工具和有效载体，进行广泛、持久、深入的法律、法规宣传，道德规范宣传，社会新风宣传等，不断提高群众的社区意识、环境意识、卫生意识和思想道德文化素质，不断增强群众的社区责任感、归属感和认同感，使社区管理具有坚实的群众参与基础。

2. 完善社区管理体制和运行机制，理顺各种关系

(1) 进一步明确和细化社区内街道机构、专业管理机构、社会产业组织、居民自治组织等的功能、地位和作用，以逐步克服目前存在的街道、居委会等块状组织仍在包揽并难以摆脱大量本不需要承担的具体事务。

(2) 克服地区性的管理目标和群众需要存在比较严重的脱节现象；克服条与块之间缺乏中介性和结构性的组织和运行机制等现象，使社区建设和管理逐步形成比较合理完善的分工协作的新体制和新机制。目前，有些地方已在这一方面做了有益的探索。

上海市在探索新型城市社区管理体制方面起步较早，1995 年就开始了“两级政府、三级管理”的改革试点，以街道为核心推动社区建设，通过调整“条块”关系、转变政府职能、下放管理权限，促进城市管理重心的下移。

接链

(3) 加强居委会自身建设，提高其社区服务水平。居民委员会作为城市基层群众性自

笔记栏

治组织，它既不是一级政权，也不是行政性的单位，就它本身而言，没有一种强有力的行政性的指挥和制约手段。它开展工作不能采取行政命令式的工作方法，而只能靠自己组织的凝聚力和居民群众的自觉参与。对于居民委员会这样一个群众性的自治组织来说，其凝聚力的强与弱，群众自觉参与的程度如何，是至关重要的。实践证明，搞好社区服务和建设是增强居委会凝聚力的行之有效的重要途径，要注意关心和解决广大居民群众日常生活中的困难，解决那些一家一户解决不了、居委会通过努力却能够解决的问题。

3. 探索建立新的财力机制，为社区建设提供资金保障

(1) 完善财政投入体制。具体可从以下几个方面进行完善和调整：①各级政府建立社区建设专项资金，列入当年财政预算，并根据经济增长比例逐步增加。②实行税收增量比例返还制度。即以街道为单位，以目前提供的税收为基数，按每年新增税收的一定比例由市、区财政返还给街道办事处专项用于社区建设。③将绿化、环卫、治安、人口普查等条件部门的专项收费或工作量较大的临时性突击任务，一律实行“费随事转”，以减轻社区居委会的负担。

武汉市江汉区按照“费随事转、财随责走，责、权、利相配套的原则”，把职权和工作重心下放到社区，使社区居委会有职、有权、有钱。

链接

(2) 建立社会多元投入机制。在发挥政府主渠道的同时，制定优惠政策，积极鼓励社会力量参与社区建设，建立政府主导、财政投入、驻区单位支持、社会赞助的多渠道的社区建设投入保障机制。

(3) 建立相应监督、管理机构，对社区的经费做到专款专用。

4. 加强社区干部队伍建设，以适应社区建设新形势的迫切需要

(1) 加强对社区管理人员的多方位的培训。面对社区建设的许多新情况、新问题，各地还要重视加强对社区管理干部的政治、业务培训，引导他们解放思想，更新观念，不断学习新知识，接受新事务，创造性地开展工作，在建设社会主义新型城市社区的实践中创出新的路子、新的经验。

(2) 改善社区管理人员的结构，提高社区工作者队伍职业化、专业化水平。可采取面向社会公开选聘、民主选举、竞争上岗等办法，注重从大、中专毕业生和下岗失业人员中选用优秀人才，加强社区工作。

5. 建立健全物业管理机构，实行规范、科学的社区物业管理

(1) 建设部门要加强物业的行业管理，督促现有的物业管理机构进行整顿和重组，完善其管理职能，规范其管理行为，提高物业管理水平。加强对物业管理队伍的培训、教育，提高队伍的整体素质，使每一个物业管理人员知法、懂法、守法，胜任物业管理工作。

(2) 理顺物业管理公司与居委会及有关管理部门之间的关系。社区居委会有权对物业管理公司进行指导监督，物业管理公司有责任和义务协助社区居委会开展社区建设工作。居委会可定期考核、检查物业管理工作，监督物业公司的管理与服务情况，动员和组织社区居民支持和配合物业管理工作。物业公司、业主管理委员会的负责人要支持和配合居委会和有关城市管理部门抓好社区建设和管理。

二、社区卫生服务

(一) 定义

社区卫生服务是社区建设的重要组成部分，是在政府领导、社区参与、上级卫生机构指导下，以基层卫生机构为主体，全科医师为骨干，合理使用社区资源和适宜技术，以人的健康为中心、家庭为单位、社区为范围、需求为导向，以妇女、儿童、老年人、慢性病患者、残疾人等为重点，以解决社区主要卫生问题、满足基本卫生服务需求为目的，融预防、保健、医疗、康复教育和计划生育技术指导等服务为一体，提供有效、经济、方便、综合、连续的基层卫生服务。

(二) 内容

社区卫生服务的内容：

1. 预防服务 包括传染病、非传染病和突发事件的预防。传染病的预防即社区的一

笔记栏

级病因预防、二级“五早预防”和三级愈后康复预防；非传染病预防即一级危险因素预防、二级早期疾病干预、三级防残预防；突发事件的预防是对隐藏在“健康人群”内的、能突然发生的严重卫生问题的临床预防。

2. 医疗服务 除在医院开展门诊和住院服务外，重要的是根据社区居民的需求，开展家庭治疗、家庭康复、临终关怀等医疗服务。

3. 康复服务 对社区慢性患者进行医院、社区和家庭康复工作。

4. 保健服务 对社区居民进行保健合同制管理，并定期进行健康保健管理。

5. 健康教育服务 健康教育是实施传染病、非传染病和突发事件预防的重要手段，很多卫生问题要通过健康教育工作得以纠正。

6. 计划生育技术指导 对社区育龄人群的计划生育和优生优育进行指导。

(三) 我国目前医疗卫生体制改革

我国目前医疗卫生体制改革逐渐明晰，两种基本医疗覆盖城乡居民。我国医疗卫生体制改革的思路变得更加清晰，我国农村普遍实行新型农村合作医疗制度，城市推广社区卫生服务，这两种方式并举的含义，是对中国老百姓提供基本医疗保障。

由于拥有13亿人口，且这些人口分别居住在医疗条件目前差异较大的城市和农村，使得中国医疗卫生体制改革的目标是要探索一个适合中国国情的医疗卫生体制，绝不可能简单照搬其他只有几千万人口的欧洲国家或经济发达的美国模式。

按照原卫生部部长高强给出的时间表，到2010年，中国农村将普遍实行新型农村合作医疗制度，覆盖约7亿人。为此，国家每年将补助资金达300亿元，解决农民“因病致贫、因病返贫”的问题。目前我国参加新型农村合作医疗的人口3.96亿，占全国农业人口的44.7%，已接近农村人口50%。

过去曾存在于广大农村的合作医疗制度，起于20世纪50年代，20世纪70年代起在全国覆盖，覆盖面达90%左右。旧的合作医疗制度名义上是政府扶持，但没有明确规定政府财政投入数量，因此后来名存实亡。而“新”与“旧”的最大区别是，新型农村合作医疗是中央和地方财政同时予以资金支持，背后有政府撑腰，新型农村合作医疗自然是资金充裕、人气高涨。

卫生事业发展中存在的一个突出问题，就是卫生资源配置不合理，优质资源过度向大医院集中，城市大、中型医院集中了大量的高新医疗设备和优秀医护人才，基层卫生资源则严重不足。目前，全国社区卫生服务中心和服务站仅占城镇医疗卫生机构总数的8.9%，卫生技术人员数占2.7%。

因此，大、中型医院吸引了大量常见病、多发病患者，门诊治疗人满为患，而方便且成本低廉的社区卫生服务机构很少有患者问津，还没有形成分级医疗、双向转诊的机制和“大病”进医院、“小病”在社区的格局。这是造成群众看病难、看病贵的问题重要原因之一。

改善社区卫生服务，中国领导层的决心早已下定。早在1997年，中共中央、国务院《关于卫生改革与发展的决定》中，提出要改革城市医疗卫生服务体系，积极发展社区卫生服务，逐步形成功能合理、方便群众的卫生服务网络。日前，国务院下发了《国务院关于发展城市社区卫生服务的指导意见》，对这个问题再加以强调。

在这方面，上海市是先行者，在社区卫生服务中心综合改革以后，社区卫生服务中心患者门诊次均费用下降了14.2%，检查项目费用下降达39.5%。

目前，全国95%的地级以上城市、86%的市辖区和一批县级市开展了城市社区卫生服务。卫生部表示争取到2010年在全国各城市达到以街道办事处为单位，社区卫生服务中心覆盖率达到95%；90%以上的居民步行10～15分钟可以到达社区卫生服务中心(站)；平均每万名城市居民至少拥有两名全科医师……

新型农村合作医疗和社区卫生服务，如同医疗卫生保障的两张网。这两张网的惠及对象，应该涵盖并支持中国百姓的最基本医疗需求，让每个人都能就近看病，并且花少量的钱看得起病。在提供基本医疗保障的前提下，让百姓在各种档次的医疗上有多种选择，应该是中国医疗卫生体制改革最根本的目标。

笔记栏

三、社区服务对社区发展的影响

社区服务同社区成员的生活紧密相连，对社区发展具有重要影响，具体表现如下：

（一）能促进社区的两个文明建设

社区的建设和发展，包括物质文明和精神文明两个方面。社区居民的生活质量状况是社区物质文明的重要标志。社区成员对闲暇时间、公共服务和社会福利三个方面的拥有程度越高，生活质量就越高，表明社区的物质文明程度越高。社区服务是通过提高社区成员对公共服务设施和社会福利的拥有程度，从而增加社区成员对闲暇时间的拥有量。因此，社区服务必然能促进社区的物质文明建设。社区有一套互助体系和参与体系，能促进社区的交往互动，从而发挥各种潜能，提高社区的价值整合，形成新的社区风尚和精神面貌，进而促进社区的精神文明建设。

（二）能从多方面提高社区成员的整体素质

社区成员的整体素质决定着社区的发展状况。社区服务的实质是社区成员在行政管理部门的指导下自我服务和自我管理。通过社区成员积极参与社区建设与社区管理，进而提高社区成员的主人翁意识、互助协作意识；通过拟定社区规划中各项指标完成所需的法律、法规、方针和政策，设计与社区发展总目标一致的舆论导向、精神文明建设，改变陈规陋习，树立新风尚、新观念、新道德，从而提高社区成员的社会主义民主意识、遵纪守法意识等。此外，社区物质文明和精神文明的发展，对社区居民的思想、文化、健康等方面素质起着巨大推动作用。

（三）能深化社区的经济体制改革和政治体制改革

社区的经济体制改革和政治体制改革，是社区发展的动力。我国的经济体制改革，从城市和城镇来看，中心环节是要多途径地增强企业的活力，提高经济效益。社区服务由于是福利事业和服务事业社会化，因而能帮助企业卸下“单位办福利、企业办社会”的包袱，使企业能集中精力搞好生产和经营，从而起到不断深化社区经济体制改革的作用。今天，我国政治体制改革要解决的重要问题，就是要转变或调整政府的职能，使政府加强宏观调控的能力，从而更好地履行发展社会生产力、治理社会环境这一根本职责。发展社区服务是社区政府的一项重要的新职能，这将促使社区政府职能的转变或调整，进一步深化社区的政治体制改革。

（四）能推动社区生产力的发展

人是最活跃、最关键的要素，因此，人的素质的提高，意味着生产力本身的提高。通过社区服务，不断提高社区服务质量，使社区生产力中的人即社区成员将原来耗费在繁琐家务劳动上的时间和精力，用于业务上的学习与研究，从而提高社区居民的整体素质，进而促进生产力本身的提高。此外，社区服务还可以开辟许多其他的社区生产力发展的途径。

> 人类自产生之日起就合群而居，以群体的形式生活着。人是社会的人，人离不开群体，个人只有通过社会群体才能被纳入社会这个大体系中。群体不仅满足个人的物质和精神需要，而且塑造人的个性和行为。社区往往是大社会的缩影，社区研究是社会研究的具体化。同整个大社会相比，社区显得具体可感，易于把握；社区研究是人们认识社会的窗口，有助于发现和解决更为广泛的社会问题，有助于城乡社区的建设和发展；社区卫生服务同社区成员的生活紧密相连，可以促进社区的建设和发展，促进社区物质文明和精神文明的发展。
>
> **小结**

目标检测

一、名词解释

1. 社会群体　　2. 初级社会群体
3. 社区　　4. 社区服务

二、简答题

1. 初级社会群体有哪些特征？
2. 社区是由哪些基本要素构成的？

三、论述题

社区卫生服务的含义及内容是什么？

笔记栏

第4章 社会分层与社会流动

学习目标

1. 解释社会分层和社会流动的概念，明确社会分层的标准

2. 说出我国现阶段社会分层和社会分层的必然性

3. 说明合理的社会流动对社会发展的作用

所有的社会都存在着社会差别和社会不平等，包括阶级、阶层、种族、民族、性别、年龄等各个方面。社会不平等的固定化、制度化就构成了社会等级，因此，社会成员不可能全都处于同一水平的社会位置上，就像楼梯的台阶一样，必然会形成高低有序的社会分层。社会分层直接影响着人们的社会表现和获取的社会利益。社会流动则是由于个人在社会结构中位置的变动而形成的。社会分层和社会流动是分别从静态和动态两个方面对社会结构进行分析的基本的和重要的概念。要想深刻地认识社会的宏观结构及其变动的基本规律，就必须认真研究社会分层和社会流动现象。

第1节 社会分层

一、定义及根源

当人们提到“公平”、“正义”、“歧视”、“偏见”、“剥夺”、“压迫”等词语时，总会有强烈的情感反应。正是这些概念，表明了社会生活的最基本方面：别人以及你自己以什么样的态度和标准对待对方；我们在社会中怎样分享现有的各种经济财富、政治权力和社会声望、名誉。而这些也正是社会分层概念要表达和说明的。

(一) 定义

笔记栏

社会分层指社会成员在社会生活中，由于获取社会资源的机会和能力不同，而呈现出高低有序的不同层次、不同等级的现象和过程。它既反映了社会的基本结构秩序，又反映了社会的一种结构性不平等。

社会分层概念的提出

“分层”原本是地质学家用于研究地质结构的概念，它是地质结构的不同层面。社会学家研究社会结构时发现，社会成员、社会群体中存在的高低有序的现象恰好与地质结构中的阶梯层次现象相似。因此，社会学家借用地质上的“分层”来说明社会的纵向结构，称为“社会分层”。

接链

社会分层这种现象不是自古就有的，而是社会发展到一定历史阶段的产物。在人类社会的早期——氏族社会时代，尽管社会生产力低下，却并没有社会分层现象。人们之间没有社会地位的高低、贵贱、贫富的差异，即使是氏族的首领也只是建立在自然分工(性别、年龄)基础上，并且没有任何特权。到了阶级社会以后，这一局面才被打破。私有制和社会大分工的产生和发展、国家的出现、宗教的产生、艺术的专业化，使一部分人专门从事特殊的职业从而脱离了艰苦的体力劳动。剥削、压迫的出现和暴力的支持，使社会分层日益加剧和持久化，成为一种普遍的、制度化的社会现象。对于社会不同阶层的成员，其获取社会资源的能力不同，获得社会的评价也不同。

社会资源有两个特点：①有用性；②稀缺性。人们都希望有较多的社会资源，但又不可能人人得到满足。这就决定了社会资源的配置，必须要有一定的制度和规则。因此，一个人拥有社会资源的多少，是社会分层的基本标志。一般而言，社会资源由高层向低层，呈现递减的趋势。这也就是为什么人们常说“人往高处走，水往低处流”的原因。人们获取社会资源的机会和能力不同，

也就成了对其社会地位高低评价的依据。

各种社会形态中的等级分层

奴隶社会和封建社会社会分层的特点是等级制。这种等级制是一种公开的法律不平等，每个人由于身份的不同而在社会生活中享有完全不同的社会地位。中国古代自天子以下，分成公、侯、伯、子、男、卿、大夫、士、庶民九个等级。资本主义社会扫除了传统社会中各种建立在血缘、门第和种族等先赋条件基础上的社会等级，为资本主义自由、平等的经济竞争清除了障碍。但是，资本主义所扫除的只能是法律不平等，它没有也不可能扫除人们在经济和社会生活中的各种事实不平等。我国现在处在社会主义初级阶段，仍然要实行按劳分配，仍然要搞市场经济，因而人们在社会生活中获得各种社会资源的能力不可能相同，社会分层仍然作为一种客观现象而存在。

链接

(二) 社会分层根源于社会差别的存在

社会差别可以从经济、政治、文化、宗教、民族、种族和职业等各个方面表现出来。社会差别集中到社会成员身上，就使社会成员之间存在着各种各样的差别。有差别，就意味着有高低和层次之分。

社会资源

社会资源指人们所能占有的经济利益、职业声望、政治权力、知识技能、生活质量以及各种能够发挥能力的机会和可能性，也就是能帮助社会成员满足自身需求、获取利益的各种社会条件。

链接

二、标　　准

把社会中的人们划分成若干等级层次，必须依据一定的标准。如果使用的标准不一样，那么划分的结果就大不相同。阶层之间的社会差别是多种多样的，从收入、教育程度、价值观念、生活方式直到衣着的样式、讲话的风格等，但并不是所有这些差别都可以用作进行社会分层的标准。

阶级和阶层

阶级和阶层一样，都是对社会分化和社会不平等的描述和抽象概括，但两者的性质完全不同。阶级是在一定的生产关系中处于相同地位的人们组成的，而社会阶层是根据人们不同的社会特征进行多角度划分而形成的社会地位阶梯。阶级划分的标准是经济关系，特别是人们对生产资料的占有关系，而阶层划分所依据的，除人们在社会中的经济关系外，还包括社会地位的高低、政治权力的大小以及其他因素。阶级划分的标准是一元的，而阶层划分的标准可以是一元的，也可以是多元的、综合性的指标。

接链

分层标准的选择必须结合对所研究群体的经济关系和传统文化的考察。进行社会分层的标准不是一成不变的。在不同的社会条件下，各种标准的相对重要性和有效性也不一样。根据我国国情，在划分社会阶层时常用的标准主要有以下五种：

(一) 收入

收入是人们的劳动经济关系在财产占有或分配上的表现。收入差距是社会差别的一个基本方面，也是其他社会差别的经济基础，常常成为划分地位高低的重要指标之一。在我国目前人们生活水平还不高，劳动仍作为主要谋生手段的情况下，收入对其他标准的制约作用非常明显(图 4-1)。

图 4-1　车间工人劳动的场面

(二) 权力

权力指人们在一定职责范围内的支配力

笔记栏

量，包括对资源的运用能力及对他人的制约和影响能力。权力的大小决定着人们对政治、经济和社会事务的参与程度、决策能力。我国的权力结构正在变化之中，权力基本上是与政权组织相联系的。作为现代组织形式的科层制还不发达，对权力的使用缺乏有效的制约，使得权力常常成为一种特殊的万能的资源，在社会分层中占据显赫的地位（图4-2）。

图4-2 人民代表大会会议场景

（三）教育水平

受教育（文化程度）过去是少数人的特权，在现代社会中，则是决定社会地位的重要因素之一。一般来说，获得更多的教育是人们实现向上流动的最主要途径。因为，一方面科技和生产力发展使越来越多的新职业、新岗位需要受教育程度较高的人来承担，由此提高了教育的重要性；另一方面，现代人事制度的不断科学化，使人事选拔需要建立在一种既适应社会发展的要求，又提供均等机会的客观标准的基础之上，教育正是具有这种功能的标准之一。目前，世界上绝大多数国家都把教育程度作为招工、用人、对人评价的最普遍的依据，教育程度对人的职位、权力、收入、职业和生活方式的影响越来越大。

（四）职业

职业是个人在社会中所从事的作为主要生活来源的工作。跟教育一样，职业也是一个综合指标。在现代社会中，一个人的职业能够有效地反映出这个人的财富（收入或经济地位）、声望（社会地位）和权力（政治地位）的总的水平。社会成员一旦获得某种职业，也就取得某种相应的社会地位。蕴涵于职业中的各要素：职业环境

图4-3 学校景色

（图4-3）、职业声望、职业收入、职业身份、职业活动的范围和性质等不仅影响着在职人员的社会表现，同时影响着社会流动的方向（图4-4）。

图4-4 人才交流会

（五）声望

声望是一个人从他人那里获得的良好评价和社会公认，它标志着一个人潜在的社会影响力。声望的标准不是独立的，它是教育水平、收入、权力等多种因素的综合，是许多其他标准的折射。不过，在多数情况下，声望来自较高的社会地位。

上述六个方面的社会分层的标准是紧密相连的，彼此之间具有较强的相关关系。在分层时，既可以使用单一的标准，也可以使用多元标准。但是使用单一标准只能从微观上对社会成员划分层次，并不构成社会结构不同阶层划分的标准。只有在收入、权力、教育、职业、身份与声望各方面具有同一性的人们，才有条件构成

笔记栏

一个阶层。

第2节 我国现阶段的社会分层

一、社会分层的社会作用

社会分层作为一种客观现象，对社会的发展既有积极作用，也存在消极影响。

从积极作用来看：

（1）由于社会分层现象的存在，使社会在生产力水平不能满足全体成员需要的情况下，能够保证一批社会精英把全部精力投入到社会创造活动中去，从而有力地推动着社会进步。

（2）由于社会分工和社会差别的存在，形成了一种社会所必需的竞争机制，激励着人们去奋斗、去竞争，争取向上流动，取得较好的社会地位，从而导致社会形成了一种强大的动力机制，有力地推动了社会的发展。

社会精英

精英是意大利著名的社会学家帕累托提出的一个概念。所谓精英，并不是一个固定不变的社会集团，而是那些具有特殊才干，在某一方面或某一活动领域具有杰出能力的社会成员。这些在不同领域获得高分的人可以划归一个等级，即精英人物。比如：政治领袖、企业家、文化名人、著名的演员、体育明星等。

链接

从消极作用来看：

（1）社会分层导致社会不平等，尤其是导致剥削、压迫现象的产生，那些占据统治地位的阶层往往并不是凭借特殊贡献来取得自己的社会地位，而是通过不合理的社会制度取得特权，对广大劳动人民进行剥削。这不可避免地要形成不同阶层之间的矛盾。

（2）社会分层和社会差别的广泛存在，也是社会犯罪的重要根源。一些人无法通过合法手段谋取更多的社会资源和报酬，就会转而通过非法的途径去争取，从而使社会犯罪成为人类文明的阴影，始终无法摆脱。

二、我国现阶段进行社会分层研究的意义

我国现在处于社会主义初级阶段，社会分工正在逐步扩大，社会并没有在各个方面消除社会差别；同时，国家保证机会平等的制度和措施还不完善，人们的生活水平存在各种层次的差别。有社会差别的存在，就会形成等级层次，等级层次的存在和分化影响每一个人的生活、工作、学习和社会交流，并且对我国社会生活、社会结构给予切实的、具体的影响。因此，这就迫切需要进行社会分层研究。

（一）从历史角度看

只有认真研究我国社会的社会分层，才能协调社会各层次之间的关系，找到它们的最佳结合点，使人们及时把握社会各层次的意愿、动向和行为能力，团结人民群众进行现代化建设，实现社会关系系统、持续、稳定的良性运行。

1. 制定政策的需要　对社会进行分层研究，可以帮助我们认识和掌握社会各层次的特点、工作和生活状态等基本情况，最大限度地制定出符合社会各阶层需要的路线、方针、政策，调动各方面的积极性、创造性，使人们团结协作、努力工作，从而避免决策上的失误。

2. 调整社会结构的需要　社会分层研究可以帮助我们调整社会结构，自觉、科学地使社会各层次之间的差别保持合理的水平。从而协调社会各层次之间因差别而造成的矛盾和压抑，使各方面的积极性都得到充分的发挥，避免“小集团利益”、平均主义等意识的滋长。

3. 研究社会流动的需要　社会流动是客观存在的，一个社会越兴旺发达，向上流动的人就越多。同时，社会也在鼓励并创造条件，使更多的人有机会向上流动。实际上在每个人的心目中都有一个社会等级序列。应该加强社会各层次之间的人员流动，促进社会各层次的相互联系、相互了解和相互合作，提高整个社会结构优化，这对社会分层的研究也是十分必要而有意义的。

（二）从现实角度看

在我国现阶段进行分层研究，对社会发展具有现实的指导意义，它将直接关系到改革的成败。因此，弄清现阶段的阶级、阶层分化状况，准确把握现阶段各社会层次的特点、要求、

笔记栏

心理状况等，特别是对改革的心理承受力是至关重要的。对此，必须制定出切实可行的改革方案和措施。

三、我国现阶段的社会分层

自1978年以来，中国进行了经济体制改革，调整了经济结构、产业结构，经济持续稳定向前发展。与此同时，中国的社会阶层结构发生了深刻的变化，原来“两个阶级，一个阶层”的划分已经不能说明目前中国的阶层结构现状。有些阶层分化了，有些阶层新生了；有些阶层的社会地位提高了，有些阶层的社会地位下降了。整个社会阶层结构呈现出向多元化发展，各阶层之间的社会、经济、生活方式以及利益认同的差异日益明晰化。以职业为基础的新的社会阶层分化机制逐渐取代过去以政治身份、户口身份和行政身份为依据的分化机制。社会分化和流动的机制变化了，社会流动普遍加快。各个社会阶层之间的经济、政治关系发生了并且还在继续发生各种各样的变化，正在向与现代经济结构相适应的现代社会阶层结构方向转变。

两个阶级一个阶层

中华人民共和国成立以后，经过土地革命、社会主义改造和国家工业化建设，我国逐渐形成工人阶级、农民阶级、知识分子阶层的社会结构，一直到改革开放前，这种阶级阶层结构仍比较稳定。

三种资源的内涵

组织资源包括行政组织与政治组织资源，主要指依据国家政权组织和党组织系统而拥有的支配社会资源（包括人和物）的能力；经济资源主要指对生产资料的所有权、使用权和经营权；文化（技术）资源是社会（通过证书或资格认定）所认可的知识和技能的拥有。在当代中国社会中，这三种资源的拥有状况决定着各社会群体在阶层结构中的位置以及个人的综合社会经济地位。

链接

中国目前的社会阶层以职业分类为基础，以组织资源、经济资源和文化资源的占有状况为标准，可以划分为十个阶层。

（一）国家与社会管理者阶层

笔记栏

国家与社会管理者阶层指在党政、事业和社会团体机关单位中行使实际的行政管理职权的领导干部，具体包括：中央政府各部委和直辖市中具有实际行政管理职权的处级及以上行政级别的干部；各省、市、地区中具有实际行政管理职权的乡科级及以上行政级别的干部。中国当前的社会政治体制决定了这一阶层在趋于等级分化的社会阶层结构中居于最高或较高的地位等级，是整个社会阶层结构中的主导性阶层，是当前社会经济发展及市场化改革的主要推动者和组织者。这一阶层的社会态度、利益及行动取向和品质特性，对于正在发生的经济社会结构的变迁和将要形成的社会阶层结构的主要特征具有决定性的影响力。目前，这一阶层在整个社会阶层结构中所占的比例约为2.1%；在城市中的比例约为15%；在城乡合一的县行政区域中比例大约为0.5%。

（二）经理人员阶层

经理人员阶层指大、中型企业中非业主身份的高中层管理人员。这一阶层同国家与社会管理者（干部）阶层和私营企业主阶层之间的区分界线还没有完全明晰化，其阶层内部的不同来源的成员，在社会政治态度和利益认同方面还有明显差异。这一阶层的社会来源主要有三部分人。第一部分是原来的国有和集体企业干部，随着现代企业制度的发展，这一部分企业干部逐渐从行政干部系列中脱离出来，成为职业经理人。第二部分来自较大规模的私营企业或高新科技产业领域中的民营企业，这些企业在20世纪90年代后期以来开始出现所有权与管理权分离的趋势，一些业主聘用职业经理人来为他们经营管理企业；另一些业主则通过企业股份化而使自己从业主型的创业者转变为职业经理人。第三部分人是“三资”企业的中高层管理人员。

经理人员阶层是市场化改革的最积极推进者和制度创新者，他们代表着先进生产力和现代经济体制的发展方向，其主导成分与国家权力和海外资本有着紧密的联系。这种状况决定了经理人员阶层在当前的社会阶层结构中也是主导阶层之一。这个阶层还在发展之中，在目前社会阶层结构中所占的比例约为1.5%，但在经济发达的城市和经济不发达的县、市之间的分布极不平衡。

(三) 私营企业主阶层

私营企业主阶层是改革开放的产物,是在社会主义市场经济发育和发展的过程中产生和成长起来的。他们不仅是先进生产力的代表者之一,而且是社会主义市场经济的主要实践者。私营企业主阶层的成员最初来自于乡村和城镇社会的较低阶层,但在 1992 年以后,具有文化专业知识的原国有和集体企业的管理人员、专业技术人员和机关干部开始大量加入这一阶层,使这一阶层的社会形象和社会地位有了极大提高。在人数上,中、小企业主构成了这一阶层的主体。就全国而言,私营企业主阶层在社会阶层结构中所占比例约为 0. 6%,但地区差异比较大。

私营企业主阶层

私营企业主阶层指拥有一定数量的私人资本和固定资产并进行投资以获取利润的人,按照现行政策规定,即包括所有雇工在八人以上的私营企业的业主。

链接

(四) 专业技术人员阶层

专业技术人员阶层指在各种经济成分的机构(包括国家机关、党群组织、全民企事业单位、集体企事业单位和各类非公有制经济企业)中专门从事各种专业性工作和科学技术工作的人员。专业技术人员是现代工业社会的中等阶层的主干群体,在推动当代中国社会科学技术发展和市场经济理念传播方面发挥了重要的作用。这一阶层在中国的阶层结构以及社会中间层中所占的比例还比较低,约为 5. 1%,主要集中于城镇。在经济发达地区的大、中城市中,专业技术人员阶层所占比例为 10% ~ 20%,而在城乡合一的县市,其比例仅为 1. 5% ~ 3%。

(五) 办事人员阶层

办事人员阶层指协助部门负责人处理日常行政事务的专职办公人员,主要由党政机关中的中低层公务员、各种所有制企事业单位中的基层管理人员和非专业性办事人员等组成。这一阶层是社会阶层流动链中的重要的一环,其成员是国家与社会管理者、经理人员和专业技术人员的后备军,同时,工人和农民也可以通过这一阶层实现上升流动。这一阶层也是现代社会的社会中间阶层的重要组成部分,他们在目前的中国社会阶层结构中所占的比例大约为 4. 8%。

(六) 个体工商户阶层

个体工商户阶层指拥有较少量私人资本(包括不动产)并投入生产、流通、服务业等经营活动或金融债券市场而且以此为生的人。如小业主或个体工商户(有足够资本雇佣少数他人劳动但自己也直接参与劳动和生产经营的人)、自我雇佣者或个体劳动者(有足够资本可以自己开业经营但不雇佣其他劳动者)以及小股民、小股东、出租少量房屋者等。

个体工商户阶层是改革的主要获益阶层之一,其规模随着经济改革的推进而不断扩大。在 20 世纪 80 年代,该层的主要来源是农民和城镇的失业、待业人员(尤其是返城“知识青年”),进入 20 世纪 90 年代以后,由于国有企业改革和产业结构调整,大量企业工人和城市居民涌入这一阶层。目前,这个阶层是吸纳下岗工人、失业待业人员和进城农民的一个重要渠道。个体工商户阶层在整个社会阶层结构中所占比例为 4. 2%,这一比例是根据国家工商部门的登记数计算出来的,但实际人数比登记人数多得多。

(七) 商业服务业员工阶层

商业服务业员工阶层指在商业和服务行业中从事非专业性、非体力和体力的工作人员。由于中国目前的商业服务业还不发达,而且产业层次较低,这一阶层的绝大多数成员的社会经济状况与产业工人阶层较为类似。目前,商业服务业员工阶层在社会阶层结构中的比例为 12%。但城乡之间的差异极大,因为这一阶层与城市化的关系最为密切。

(八) 产业工人阶层

产业工人阶层指在第二产业中从事体力、半体力劳动的生产工人、建筑业工人及其相关

笔记栏

人员，“农民工”是其中的一个组成部分。

> **农 民 工**
>
> 农民工是有农村户籍，但已经脱离农村，进入城市，做与城市工人相同工作的农民。农民工作为产业工人阶层的一个组成部分，实际上是这个阶层中一个相对独立的群体。原因在于：他们做的是与城市工人相同的工作，但因为他们的身份是农民，所以在工资、劳保和福利方面的待遇明显不如城市工人。
>
> 链 接

产业工人阶层是推动先进生产力发展的基本力量，是近代以来中国经济社会发展特别是社会化大生产的产物。在相当长时期内，中国的产业工人阶层内部一直存在着企业所有制和户籍身份所导致的差异，这种差异体现在收入、福利、社会地位、劳动保障等多个方面；另外，单位部门因素也越来越多地引起产业工人阶层内部的分化。目前，整个产业工人阶层在社会阶层结构中所占的比例为 22.6%左右，其中农民工占产业工人的 30%左右。

（九）农民劳动者阶层

该阶层是承包集体所有的耕地，以农（林、牧、渔）业为惟一或主要的职业，并以农（林、牧、渔）业为惟一收入来源或主要收入来源的人员。这是目前中国规模最大的一个阶层。在改革开放过程中，农业劳动者阶层是传统计划经济体制的真正突破者，是农村经济体制的率先改革者，是市场经济的最早实践者和推动者，不仅在较短时间内解决了绝大多数中国人的吃饭问题，而且推动了中国整个体制的改革。另外，这个阶层还分化、产生出了个体工商户阶层、私营企业主阶层、产业工人阶层等。

尽管如此，由于这个阶层几乎不拥有组织资源，所拥有的文化资源和经济资源也低于上述所有阶层，所以在整个社会阶层结构中所处的地位比较低。与改革初期相比，中国农民阶层的规模已经有了显著的缩小，纯粹的农业劳动者和以农业为主业的农民在人口中所占的比例，已经由 1978 年 70%以上减少为 1999 年的 44%左右。

笔记栏

（十）城乡无业、失业、半失业者阶层

城乡无业、失业、半失业者阶层指无固定职业的劳动年龄人群（排除在校学生）。体制转轨和产业结构调整导致一批工人和商业服务业人员处于失业、半失业状态。就业机会不足使许多新进入劳动力市场的青年劳动力长期待业；城市大量征用农用地，则使大批农民无地可种，而这些农民在城镇一时还找不到合适的职业。另外，还有不少城乡居民因为残障或长期卧病的困扰而不能就业，他们多数也陷入贫困境地。目前，这一阶层在整个社会阶层结构中所占比例约为 3.1%，其数量还在继续增加。

中国的改革开放还在进行之中，目前这十个阶层的划分，仅是中国社会分层结构的雏形。随着现代化的进一步推进，随着工业化和城市化进程的加快，社会成员在各阶层的分布和力量还会产生一定的变化。

四、正确沟通和协调不同社会阶层之间的关系

社会主义社会不同阶层之间的根本利益是一致的，但在这种一致的前提下，仍然具有一定的差异和矛盾。每个阶层都有自己的特殊利益和特殊需要，有自己的态度、意见和看法等。对于同一项政府的方针政策，不同的阶层具有不同的心理承受能力和态度。在一些重大问题上，如改革的速度与步骤、成绩与挫折、经验与教训等，不同的社会阶层的意见和看法发生分歧和对立，更是常有的事情。虽然这些矛盾从总体上看属于非对抗性的人民内部矛盾，但在一定条件下仍会尖锐化甚至走向对抗，从而严重危害不同社会阶层之间的关系和整个社会的安定团结。因此，必须对各个社会阶层之间的利益与意见进行沟通与协调，使他们之间的利益矛盾和意见差异不断地缩小甚至消失。

社会利益矛盾的协调，关键是要贯彻社会公平原则，正确处理公平与效率之间的关系，坚持公平与效率相统一。在我国社会主义初级阶段，主导性的公平原则应该是机会均等、按劳分配、结果合理原则。社会应该创造各种条件，确保这些公平原则

的实施，从而调动广大职工的积极性、创造性，以促进和提高效率。同时，要采取切实有效的措施，消除各种社会分配不公现象。在制定社会政策过程中，要尽可能地将不同社会阶层之间的利益有机结合起来，兼顾不同社会阶层的利益，至少要使一个社会阶层的利益实现不至于损害其他阶层的利益。在一些利益暂时不能满足的条件下，要提倡群体利益服从国家利益，暂时利益服从根本利益和长远利益。

在对不同社会阶层的利益进行协调的同时，还要注意疏通和扩大不同阶层的利益表达渠道，增进不同阶层之间的相互了解，既知道自己的利益所在，又知道其他阶层利益的要求，减少盲目的不满情绪和矛盾冲突。总之，要注意适时地运用宣传、教育、法律行政、经济等各种不同手段，多方面地解决不同利益阶层的矛盾和问题，化解他们的矛盾和冲突，使所有社会阶层和全体成员团结起来，同心同德地进行社会主义现代化建设。

第3节　社会流动

社会分层是从静态的角度研究社会地位，而社会流动则是从动态角度研究社会地位结构的。

社会流动与社会分层的关系

社会流动与社会分层的关系非常密切，它们是对同一种社会现象的两种不同的分析。社会分层是从静态的角度来描述社会垂直结构的性质、状态、内容和形式，以及社会各个阶层之间的互动关系和基本秩序；社会流动则从动态角度描述社会分层结构分化的时空范围、方向和速度，即社会分化的量变过程。有社会分层，才有社会流动的必要性和可能性；有社会流动，才会促进社会分层结构的不断分化和重组。

链接

（一）定义

社会流动指人们在社会关系空间中从一个地位向另一个地位的移动。它表现为个人社会地位的变更，实质上是个人社会关系的改变。由于社会关系空间与地理空间具有密切的联系，因此，一般把人们在地理空间的流动也归于社会流动。在人类社会发展过程中，社会流动现象呈不断扩大的趋势。在传统的农业社会里，社会的阶级阶层体系是封闭半封闭的，表现为界限清晰的等级，社会流动较少。而在现代社会里，社会分层体系呈开放态势，社会流动比较普遍。社会流动主要是个人社会地位的变化，它并不能从根本上改变社会分层体系的整体结构。但是，社会流动对社会结构有一种微调作用，会引起社会结构的某种变化。

（二）社会流动现象产生的前提条件

社会流动现象的产生必须具备一定的前提条件。

（1）个人与社会位置的非固定化。只有在一个社会成员可以替代的社会结构中才会有社会流动现象的发生。而在初级社会群体内由于社会成员具有不可替代性，因而不可能出现社会流动。

（2）一定的社会地位差别的存在。这种社会差别主要是基于社会地位的不同所获得的社会资源的能力和机会不同，也就是说社会资源在不同社会地位上的分配不同。就像没有水位差别无法引起水的流动一样，没有社会地位的差别也无法引起社会流动。

（3）社会结构开放性的大小。这种开放性是社会成员在阶层内部以及阶层之间社会地位变换的机会和可能性。如果说社会地位差别的存在主要提供了社会流动的动力，那么，社会结构的开放性则为社会流动提供了可能性（图4-5、图4-6）。

图4-5　拥挤的打工人群

笔记栏

图 4-6 办公室里的高级白领

一、基本类型

根据不同的标准和角度，可以把社会流动分为不同的类型。

（一）垂直流动和水平流动

这是根据社会流动的方向所做的划分。

1. 垂直流动 指人们在同一分层结构中不同层次之间的纵向流动。垂直流动可以进一步分为向上流动和向下流动。向上流动是从较低的社会层次向较高的社会层次的流动。比如由科员变为科长、由讲师变为教授、由体力工人变为白领职员等；向上流动表明了个人或群体社会地位的相对提高，是社会最为关心的流动形式。向上流动的机会受高层位置数量和欲求者人数的比率的影响。向下流动是从较高社会层次向较低社会层次的流动。比如由于工作不称职，由厂长免职为普通工人等。有没有垂直流动，直接反映了社会分层结构的封闭与开放程度。没有垂直流动或很少有垂直流动的社会分层结构比较封闭；而开放的社会结构则提供了较多的垂直流动机会。

垂直流动的意义在于：

（1）合理的垂直流动能调动人们的工作积极性，能够吸引和保证各个阶层的人们努力工作，为社会做出更多的贡献，以获得较好的奖赏和较高的社会地位。

（2）有利于维持和提高社会管理层的质量。垂直流动机制能保证社会管理层的人才有更广泛的选择范围，也有利于淘汰不合格的社会管理者。

笔记栏

（3）垂直流动有利于形成一种开放的社会分层结构，促进社会分层结构的合理化。

2. 水平流动 指人们在同一社会层次上的横向流动。主要是人们在同一层次上的职业地位的变动和职业角色的转换。它是一个人在同一社会职业阶层内的横向流动，多半是地区间的流动，也包含在同一地区的不同工作群体或组织之间的流动。人们在水平流动前和流动后，经济收入、政治地位、社会声望等方面的状况基本上没有变化。

水平流动虽然没有改变人们社会地位的高低，但它可以使自然资源、物质财富、人才资源得到合理的分配和使用，尤其是有利于促进人才的合理配置，使社会人才结构和人才分布更趋合理化，从而影响着人口的地区分布和产业结构、职业结构的变化，有利于各地区和群体之间的文化交流，能打破地区和人群的封闭状态，有利于社会的发展。

（二）代内流动和代际流动

按照社会流动的参照基点可以分为代内流动和代际流动。

1. 代内流动 又称作一生中的流动，指个人一生中在职业和地位方面的水平或垂直的流动。一般以职业作为社会地位的特征，以个人最初职业为参照基点，以最后的职业作为终点，比较处于两个时点上的职业发生了什么变化，从中考察社会流动的规律。

研究代内流动，能反映整个社会发展变化的趋势。通过代内流动的方向、比率、速度和规模，既能反映社会经济的变迁速度，又能显示出社会分化的方向、速度和规模。现代社会中，由于就业机会和教育机会的增长，代内流动的速度加快，个人一生中多次变换职业、不断改变社会地位成为非常普遍的现象。代内流动率也成为衡量社会现代化的一个重要指标。

2. 代际流动 又叫异代流动，考察同一家庭中两代人之间在社会地位、职业地位方面的变化，通常以父母与子女在同一年龄时的职业，或以子女刚成年、初次就业时的职业与父母当时的职业或其他地位作为比较的基点。通过比较，找出两代人社会地位发生变化的原因和规律。

与代内流动相比，代际流动更能反映社会变迁的方向，更能改变社会和家庭的职业结构。在封闭的传统社会里，子承父业的情况很普遍，代际流动很少。但在开放的现代社会，代际流动则成为普遍现象。另外，代际流动的状况，能反映社会进步的程度和分层体系的变化发展状况。因此，发展经济、提高教育水平、强化流动机会的公平机制，是提高代际间向上流动率的基本途径。。

影响代际流动的因素

在代际流动的研究中，研究者特别重视父母的教育程度和职业对子女社会地位的影响。美国社会学家研究发现，影响个人职业选择的模式是，父亲的职业和父亲的教育水平同时影响儿子的教育和儿子的第一个职业，其中尤以父亲的职业对儿子的教育影响最为显著。儿子的第一个职业和他所受的教育同时影响他现在的职业，其中尤以第一个职业影响最大。从这个模式中看，家庭的代际流动是受到上一代人的职业和教育水平限制的，即家庭内部条件对代际流动起着制约作用。

链接

（三）结构性流动和非结构性流动

根据社会流动的原因和形式可以分为结构性流动和非结构性流动。

1. 结构性流动 由于自然环境或社会环境的突变，或由于社会结构某些层面发生变化而引起的流动称为结构性流动。比如，由产业结构、所有制结构、城乡结构、职业结构、教育结构等引起的人们在不同产业间、不同所有制单位间、不同行业和职业间的流动。这种流动的特点是规模大、速度快、变动急剧，能够在短期内影响社会结构和人口分布的变化。在结构性流动中，最引人注目的是由于科技和生产力的发展以及经济结构的变动而创造出的大批新职业和新职位。这些职业和职位对专业人才和技术人才的需求越来越多，淘汰了声望较低的职业，积极推动了社会结构的变迁。

2. 非结构性流动 是相对于结构性流动而言的，又称作自由流动，指在社会基本结构不变的情况下，由个人原因造成的地位、职业的变化。非结构性流动不强调结构变动的客观条件，而强调个人的条件、流动欲望和家庭背景对社会流动的意义和作用。

上述不同类型的社会流动是紧密联系的，而不能截然对立。结构性流动可能又是向上流动和代际流动，非结构性流动也可能是水平流动。

二、影响和制约因素

社会流动现象是复杂的，影响社会流动的因素也是复杂多样的，大体可以分为自然、人口、个人和社会四个方面。

（一）自然因素

自然环境的变化是引起社会流动的一个重要原因，由此引起的流动主要是在空间上的流动。突发性的自然灾害，如地震、洪水、干旱等等，都会使一定地域内的人口在短期内大量外流，进而造成职业和社会地位的变化。比较缓慢的自然生态的变化，也会引起一个地方的人口逐渐迁出或迁入，造成社会流动。

（二）人口因素

人口是生活在自然环境之中并依靠土地、动植物、水等自然资源而生存的。一个区域的人口增长过快，密度过大，超过了自然资源的承载力，就会引起人口和劳动力向外流动。反之，如果一个区域的人口自然增长率过低，就会产生人口的吸引力，导致人口流动，同时伴随职业和社会地位的变化。

（三）个人因素

个人因素对社会流动有制约和影响作用。个人因素可以分为两个方面：①先赋条件，即个人先天具有的或自然得到的条件，如籍贯、家庭出身、亲属关系、性别、种族、民族、年龄、容貌、体质等。②自治条件，指由于个人的行为或经过自己的努力而得到的一些条件，如知识、技术、技能等。在传统社会中，先赋条件对获得某一社会地位起决定作用，而在现代社会里，人们获得某一社会地位更依赖于自治条件。

（四）社会因素

从一定意义上说，引起社会流动的最根本原因来自社会，主要有以下因素：

1. 社会分层结构的类型 社会结构的类型分为封闭型和开放型。封闭型社会分层结构通常建立在血缘和门第等先赋条件的基础

笔记栏

上，先天的出身决定了一个人一生的社会地位，不同等级的社会成员之间无法进行流动，是一种封闭型等级社会。而在开放型社会中，社会成员的地位主要靠自治地位获得，每个人都拥有平等的自由流动机会，不同社会阶层之间的流动属于正常现象。

印度的种姓制度

印度的种姓制度形成于公元前 2 000 年左右，入侵印度的雅利安人征服了当地的达罗毗荼人，在雅利安社会中逐渐形成了等级森严的制度，"种姓"一词在印度的梵文中叫"瓦尔那"，就是颜色或品质的意思。种姓社会从高到低共有四个等级，即婆罗门、刹帝利、吠舍、首陀罗。婆罗门是祭司贵族，它主要掌握神权、占卜祸福、垄断文化和报道农时季节。刹帝利是军事贵族，包括国王以下的各级官吏，掌握国家的除神权之外的一切权力。婆罗门和刹帝利占有了印度社会中的大部分财富。吠舍是雅利安人的中下阶层，包括农民、手工业者和商人，即普通劳动者，他们必须向国家缴纳赋税。首陀罗是那些失去土地的自由民和被征服的达罗毗荼人，实际上处于奴隶的地位。在这四个等级以外的人属于流浪者或称贱民，被称为"不可接触者"。

各个种姓内又包含许多分支，种姓分支常同具体的职业相联系，职业世袭，一个分支的所有成员应该做相同的工作。个人不能改变自己的社会地位，因为人们的地位在出世时就由其父母的种姓等级决定了。四大种姓之间互不通婚，甚至各分支之间的联姻也要遭到强烈的反对，不同种姓的男女所生的子女被看成贱民。

虽然在 1949 年种姓等级制度已经被印度政府废除，但它一直是印度人生活的基本特征。如今，在印度城市中，种姓制度正在迅速瓦解，工业给大城市的职业结构带来了很多变化，人们可以选择超越本等级的工作。工业的发展也导致了社会等级的升降。现在，印度有许多贫穷的婆罗门，许多有钱的首陀罗，甚至富有的流浪者。然而在农村，严格的等级制度仍在制约着成千上万印度人的生活。

链接

2. 社会制度和社会政策 现代社会的社会流动普遍被纳入制度化轨道，各种社会制度和社会政策影响和制约着社会流动的方向、速度和规模。在我国的社会制度中，主要有户籍制度、人事制度、劳动制度、招生制度、退休制度等。这些制度以及相应的社会政策直接或间接地规定着社会流动的各种界限，影响和制约着人们社会流动的愿望和途径。

笔记栏

3. 社会革命和改革 这是引起社会发生结构性流动的主要原因。社会革命从根本上改变了社会的阶级关系以及其他社会关系，这就使社会各阶级、阶层的成员出现大量上升或下降的流动。改革作为一场深刻的社会变迁，调整了社会的政治经济制度和产业结构，必然引起人们在社会地位方面的变化。比如我国在 1979 年以来发生的社会流动就是由改革引起的。

4. 社会价值观 是影响人们的流动愿望和社会流动行动的内在因素。如果社会价值观肯定、崇尚某种东西，如知识、财富、权力、声望等，就会引起人们的竞相追逐，改变人们社会流动的方向、频率、规模和速度。

5. 社会生产力 由发明创造引起的社会进步和生产力的发展，是社会流动的根本原因。传统社会中的社会流动之所以稀少，是由于生产力发展缓慢；到了工业社会，生产力迅速发展，产业结构分化加速，社会流动水平才不断提高。一个生产力水平不断提高的社会，向上流动的几率也会提高；反之，就会出现众多的向下流动。一般认为，工业化是促进社会流动最直接的因素，因为大工业的本性决定了劳动的交换、职能的更替和工人的全面流动。

上述因素相互影响，有时会结合在一起，共同对社会成员的流动起作用。

三、合理的社会流动及其在我国社会发展中的作用

机会均等原则

所谓机会均等原则，主要包括两个方面：①任何流动机会都应向所有合乎条件的人开放，而不能只向一部分人开放；②任何社会地位的条件应是建立在人们的自治条件基础之上，而不能建立在先赋条件基础之上，即人们通过后天努力是可以得到的。当然，机会均等也是相对而言的，它默认人的自然天赋差别和人的能力差别，因此，实现这一原则的结果必然是事实上不平等的存在。

链接

社会流动尽管是一种个人行为，但它会对整个社会的经济结构、职业结构、社会结构产生影响，对社会发展起一定的制约或推动作用。社会流动有合理与不合理之分，一种社会流动是否合理，主要看社会流动的方向是否和社会发展的方向相一致，并符合现代社会中机会均等的原则。合理的社会流动在社会发展中起着十分重要的积极作用。

（1）合理的社会流动有利于所有制结构和产业结构的调整以及劳动力的合理配置。随着市场经济体制建设的深入，我国所有制结构和产业结构发生了重大变化。在所有制结构上，除了国有、集体经济外，还出现了个体、私营、外资、合资经济等；在产业结构方面，第三产业有了很大发展并将得到更大发展。这些变化必然要求劳动力有大规模的流动。例如，国有经济不再吸收更多的人员并鼓励已有人员流向其他经济类型，而集体经济、个体经济等则需要吸收大量的劳动力；第三产业也需要从第一、第二产业中吸纳大量劳动力。可见，只有实现劳动力的流动，才能保证所有制结构和产业结构调整的顺利进行，实现对劳动

案例 4-1 中央国家机关公务员招考首次不设户籍限制

■报录比例 50：1

■首次不设户籍限制

■没有任何指定教材

2006年中央国家机关公务员网上报名工作已顺利结束，共有97个部门面向社会公开招考10 282人，有50多万人通过招考部门的资格审查，他们将参加某月26日举行的考试。

近几年来，中央国家机关每次招考公务员都在社会上引起较大反响，不仅招考人数逐年增加，报名人数也在持续增长。据悉，此次招考应考者报名踊跃，一些热门职位的报考与录取比例已超过1 000：1，平均报录比例也近50：1，均为历史新高。

人事部公务员管理司有关负责人在分析报名人数较多的原因时说，这与公务员招考更加注重公开、平等、竞争、择优原则紧密相关。中央国家机关公务员招考逐步放开户籍限制，同等对待高校应届毕业生和社会在职人员，为大量优秀人才的报考提供了机会。同时，随着公务员队伍建设的不断加强，公务员为民、清廉、勤政的良好社会形象随之树立，也吸引了大量有志青年。

这位负责人表示，报名人数逐年增长，还与我国就业形势严峻紧密相关。高等院校扩招政策实施后入校的学生，这两年陆续毕业加入"就业大军"。中央国家机关及其垂直系统每年都拿出近万个职位用于招考公务员，这对寻找就业岗位的高校毕业生无疑具有巨大的吸引力。许多报考公务员的考生反映，即使不能如愿进入中央国家机关当公务员，也可通过参加考试，为将来参加地方公务员考试和企事业单位用人考试积累经验。这也是有的职位报考人数过于集中的重要原因之一。

这位负责人透露，今年招考呈现出三大特点：第一，招考工作坚决贯彻落实中央关于鼓励高校毕业生到基层工作的指示精神，明确中央机关须有1/3招考职位专用于招考具有两年以上基层工作经历的高校毕业生。因此，这次报名吸引了这方面12万余人报考。第二，此次招考更加突出公开、公平、公正，坚持招考政策、招考计划、招考职位、资格条件、报名人数等面向社会公开。除特殊职位外，招考职位的资格条件中不得有性别、身高、体貌、婚姻状况、毕业院校等方面的限制，并首次对中央国家机关的招考职位不设户籍限制，为全国范围内符合条件的人员提供平等的报考机会。第三，本着方便考生、提高效率的原则，此次考试进一步改革报名确认方式。在北京等11个具备条件的省市首次实行网上报名确认。为减轻考生负担，今年招考中，继续对城市低保家庭和农村特困家庭的考生减免相关考试费用。

这位负责人特别强调，广大考生报名完成后，要根据招考公告的要求，及时进行报名确认工作。他还提醒广大考生，对于本次考试，中组部、人事部没有委托任何单位或个人举办相关培训班，也没有委托任何出版社出版指定教材，敬请考生不要盲目参加培训班和购买教材。

问题

（1）本次招考体现的最重要的原则是什么？

（2）公务员在我国当前的社会分层中属于哪一阶层？

（3）本次招考最大的政策调整是什么？对促进社会流动有何意义？

笔记栏

力的合理配置，才能人尽其才、才尽其用，适应市场经济的需求。

（2）合理的社会流动能够加强社会各层次之间的相互联系、拓宽社会各阶层之间的接触面，促进社会各阶层之间的人际交往关系。由于社会流动使个人突破了阶层之间的分层界限，使得参与流动的个人起到了连接社会各层次的纽带作用，从而加强了社会各层次之间的交流与合作。同时，社会流动通过社会成员地位的变动来不断调整各阶层人员的构成，减弱分层的差距，增加改进社会地位的机会，缓解社会冲突，促进社会良性运行和协调发展。

（3）合理的社会流动有利于调动人的积极性和创造性，能够有效地激发人的开拓进取精神。合理的社会流动使人们通过改变自身地位来改善切身利益成为可能。由于较高的社会地位成为对有能力的人的一种奖赏，从而能够有效地激发人们去为改变自己的地位、获得更高的利益而奋斗的积极性，促使人们发挥自己的聪明才智，推动社会的发展。

社会分层是从静态的角度分析社会的等级结构，它根源于社会差别的存在。社会分层的标准是多元的，因为在现代社会中影响人们社会地位的因素多种多样。在我国现阶段进行分层研究，明晰我国目前的各个阶层现状，准确把握各社会层次的特点、要求、心理状况，对制定切实可行的改革方案和措施具有现实的指导意义。社会流动则是从动态的角度描述社会分层结构分化的时空、范围、方向和速度。作为个体的社会成员在社会中的流动受各种因素的影响，但尤其受社会因素的影响。公平、合理的社会流动机制不仅有助于社会在动态中形成开放式的分层结构，调动社会成员的积极性和创造性，而且有利于社会整合，推动社会的良性和协调发展。

小结

目标检测

一、名词解释

什么是社会分层、社会流动？

二、简答题

1. 简述社会分层的标准。
2. 我国现阶段形成怎样的社会分层情况？
3. 社会流动的类型有哪些？

三、思考题

谈谈合理的社会流动对社会发展的作用。

笔记栏

第5章 社会制度与社会变迁

学习目标

1. 了解社会制度的含义、特性及全球化对中国社会现代化的影响
2. 简述社会制度的种类和社会制度的功能
3. 明确中国社会现代化发展的基本方针

社会系统内的因素是复杂多变的,为了保证群体、组织以及个人在社会中的正常生活,人们创造了一整套社会制度来约束自己的行为,以维持社会的有序性。社会制度是社会结构的重要组成部分,对社会制度的探讨仍属于社会结构静态的研究,本章的后两节社会变迁和社会现代化则是对社会结构动态的分析。

第1节 社会制度

一、定义与特性

(一) 定义

"制度"一词的英文含义是"设立、制定、学院、机关"等,有人把这个词翻译为"设施",专指社会学意义上的制度。在我国,"制度"一词有特定的含义,"制"是制约和控制,"度"是限度。这符合社会学中"制度"的原意,即指一种行为规范。我国古代以"礼"作为社会制度的中心,规范各种社会关系和行为模式。当代各国社会学者都十分重视对社会制度的研究,但对制度的理解各有不同。

不过,社会学者还是有一种比较一致的倾向,就是社会学中研究的"制度"既不是一种社会形态,也不是各种具体的规章制度,而是取"制度"的"中层"含义,是作为一种管理和控制社会的有效方式和规范体系来探讨的。社会制度本质上是人们社会关系的体现,但它又反过来对人们的社会关系和社会行为起制约作用。从这个意义上讲,社会制度是在一定的历史条件下形成的人们的社会关系和社会行为的相对稳定的规范体系。

制度与规范是既相互区别又相互联系的两个范畴。它们的联系主要是,制度是规范中的一种重要类型,是一种比较稳定的规范体系。它们的主要区别是,社会规范的范围要比社会制度广得多。社会制度是一种社会规范体系,但并不是所有社会规范都是社会制度。

(二) 特征

社会制度作为一种规范体系,它具有以下几个主要特征:

1. 普遍性和变异性的统一 作为一种社会结构和社会行为规范体系,社会制度不仅普遍存在于一切国家和民族中,而且还世代相继,贯穿于人类社会历史之中,对所辖范围内的人们发生制约作用。尽管社会制度具有时空上的普遍性,但是,在不同的历史时期和不同的国家或民族,乃至同一国家的不同地区中,它的性质和表现形式都会有所不同,并随着社会的发展而变迁。

2. 相对稳定性 尽管制度随社会发展以及时空条件的不同而变化,但它又是相对稳定的规范体系,一经确立就会在相当长的时期内制约人们的行为,即使其存在的基础丧失之后,也还会在一定时期内发挥作用。这种相对稳定性有时成了社会制度的保守性。人们对那些针对原有制度的攻击和侵犯往往持一种抵制态度。这种保守性具有一定的正功能,有助于社会稳定。但是在社会冲突剧烈和社会变革时期,如果旧制度已经过时,那么抵制变革只能导致社会功能失调。

3. 系统性 任何一种制度都不能单独存在,都要围绕其核心制度或基本制度,与其他不同层次、不同方面的制度相配合,形成一套行之有效的制度体系。制度的变化也不是孤立的,任何一种主要制度发生变革都可能伴随

笔记栏

其他制度的变化。经济制度的变化尤其如此，例如，我国的市场经济体制改革就相应地带来政治体制、教育、社会保障等制度的变革。

4. 强制性　是无论何种社会制度，一经形成，都会产生一定程度的不可违背性，在其适用范围内，强迫人们使自己的行为合乎行为规范、遵从制度。

5. 阶级性　在阶级社会中，社会制度不可避免地、或多或少地受阶级利益和阶级意识的影响，如资本主义国家的经济制度就是以保证资产阶级的经济利益的规范为中心，而其政治制度则以维护资产阶级的统治秩序的规范为核心内容。

对制度的多种理解

对制度的含义解释有三个层次：一是广义上的制度，主要指社会形态，它是以整个社会作为自己的实体物的，常在区别不同发展阶段和不同社会性质的社会时采用，比如人们一般讲的“社会主义制度”、“资本主义制度”。二是中间层次上的理解，指各种具体的社会制度，即具体的组织机构、具体的制度设施，常在探讨不同社会生活领域里的问题和研究不同的社会关系时使用，比如经济制度、政治制度、家庭制度等。三是狭义上的解释，指某种规定的行为方式和办事程序规则，这类制度是由各种具体工作部门研究制定的，比如企业的考勤制度、医院的门诊制度、学校的作息制度等。

链接

（三）形成

社会制度的形成一般有两种途径：①由民俗升格为民德，再由民德发展为制度。②通过立法的形式制定制度。民俗是人们在共同生活中形成的自然化的趋同行为。这种趋同行为并不被人们所察觉，是自然而然的，在约束力的强制程度上比较欠缺。民俗的发展便形成民德。民德是被人们察觉到的趋同性行为，这种行为不仅得到大众的公认，而且还成为个人的行为规范，具有很强的约束力。民德一经人们组织并加以系统化和条文化，就形成制度。婚姻、家庭、经济等广泛、持久的社会制度，最初就是这样形成的。属于上层建筑的社会制度，如政治制度和文化制度，一般是通过第二个途径即立法形式制定出来的。实际上，现代社会的许多制度，尤其是国家的根本制度，都是通过立法程序形成的。

笔记栏

二、类　型

依据不同的标准可以把社会制度做不同类型的划分。社会制度是建立在一定的社会生产方式之上的一种社会结构，因此，根据历史唯物主义把社会结构分为基础结构（即经济结构）和上层结构（即上层建筑）的原理，可以把社会制度相应地划分为本原制度和派生制度两大类。本原的社会制度有经济制度和家庭制度，派生的社会制度主要包括政治制度、法律制度、文化制度等。

（一）经济制度

经济制度指有关社会一切经济活动包括生产、分配、交换、消费等方面的规定，体现一定社会的生产关系的总和。它起源于人类谋生的需要，是人类社会最基础的社会制度。经济制度不仅直接影响社会生产，而且其中主要的生产资料所有制形式还决定着社会的性质。从另一方面看，经济制度能保证人们的经济活动在其固定的行为规范内有序地进行。经济活动和经济制度的矛盾，推动着经济制度的变更，从而引起整个社会制度体系的变更。同时，随着社会经济的发展，社会分工越来越细，人的需要也越来越多样化。因此，为经济发展和人的需要服务的经济制度，就越来越复杂。

（二）家庭制度

家庭制度是关于家庭婚姻关系，家庭的性质、结构，以及家庭成员之间的权利和义务的规定。它起源于人类生理和自身延续的需求，是人类社会最普遍、最悠久的社会制度，旨在满足人们劳动力再生产、性行为和情感交流的需要。经济的变化、发展使得家庭制度的具体内容因社会和时代而不断调整，并且具有民族和地方的特征。在现代社会中，婚姻家庭制度是社会稳定、人类精神和身心健康发展、人们多种需要得到满足的最重要的社会制度。因此，只有在婚姻家庭制度的规定下进行的家庭生活，才能与整个社会的生活协调起来，才有利于社会的安定团结。

(三)政治制度

政治制度是对国家的性质、各阶级在国家政治生活中的地位以及统治阶级以什么原则、采取什么组织形式来实行国家管理等方面的规定。它包括国家政治体制、政府制度等内容。政治制度起源于统治阶级维护既得利益、建立统治秩序的需要。政治制度以一定的经济制度为基础,并且受到经济发展状况的制约。它和国家的根本性质相适应,在上层建筑领域中占主导地位,制约和影响其他一切制度,其他制度不能和政治制度相抵触。

(四)法律制度

法律制度是由国家制定或认可并由国家强制执行的社会行为规范。它被统治阶级用来巩固和发展对统治阶级有利的社会关系和社会秩序,调节人与人之间、人与社会之间的关系。法律制度起源于统治阶级维持统治的需要,是统治阶级意志的体现,因此具有强烈的阶级性,是阶级专政的一个重要工具。

(五)文化制度

文化制度是对人们在精神生活领域中发生的社会关系和观念形态中的许多问题所做的种种规定,包括教育、科技、道德、哲学、宗教、文学、艺术等众多内容,还包括存在于民间的以习俗、传统、成规等形式流传的一些制度。它是一定社会的政治和经济的反映,同时又反作用于社会的政治和经济。随着社会的发展,文化制度中的有些方面已经独立出来,成为单独的制度,如教育制度、宗教制度、科学技术制度等。

需要强调的是,在一个社会中,各种制度并不是孤立地存在的,它们之间相互渗透或交融,组成了一个有机的整体,或者说构成了制度体系。在制度体系中,制度与制度之间是相互关联的,一个制度发生了变化,其他相关的制度也会直接或间接地受到影响。目前我国正处于社会转型的变化之中,社会制度体系的协调发展,是亟需探讨的理论和实践问题。

教育制度

教育制度是为满足文化知识与观念传授需要而设立的各种制度的综合。它包括教育活动的组织准则、活动程序规定和各种教育管理章程等。广义的教育指人们整个生命周期各个阶段的教育;狭义的教育是促使人们在正规的机构(更确切地说是在学校)中成长的那部分教育。教育制度保证着社会成员的社会行动与相关的知识、观念的发展符合一定历史阶段的社会要求,也是确保文化的继承和发展的一种必要的手段,它在推动社会进步方面起着越来越重要的作用。

接链

三、功　　能

任何一种社会制度都是为了满足一定社会条件下的人类社会生活的需要而产生的,否则制度不会出现。从这个意义上说,社会制度的功能就是满足社会和人们生活的需要。但是任何社会又同时存在许多具体制度,而每种具体的社会制度都具有特殊的功能及其表现形式。不过,作为一种社会规范体系,社会制度都具有以下共同且比较具体的功能。

(一)行为导向功能

社会制度通常都给社会成员提供一套行为模式,使人们的行为按一定的准则、方向进行,从而维持社会秩序,保证人类共同生活的正常运行。每个人都是自己行为的主体,人与人之间的行为都存在很大的差异,在社会化的过程中,社会制度通过一定的方式使社会成员把各种规范内化于自己的头脑中,用来指导、约束个人行为另一方面,人是社会的人,每个人都不能离群索居,因而他的行为不可避免地对他人产生一定程度的影响,这些影响可能是有利的,也可能是不利的。为此,社会必须通过制度来规范人们的行为,使其保持一定程度的一致和协调,否则,人们的共同生活就不能维持。

(二)社会化功能

社会化是个人学习知识、技能和规范以及社会向个人灌输知识、技能和规范的相互过程;而社会制度则是包含了人们生活的知识和经验、生活目标、角色模式等内容的一套行为

笔记栏

规范体系，个人社会化的基本内容在社会制度中几乎得到全部的反映。因此，社会制度实际上给社会化提供了一个大体的模式。例如，教育制度就给如何培养人才提供了一个基本的模式。另外，社会制度还可以通过理想行为模式的提倡，使人们的行为受榜样的影响，从而推动社会的进步。社会制度是社会的理想角色不断涌现的制度性保障，也是个人顺利完成社会化过程的必要条件。

（三）社会整合功能

社会制度作为一种社会结构和行为规范体系，明确地规定了人与人之间关系的准则及每个社会成员的行为规则，使人们都按这些规范行事，从而使人们的活动及相互关系得到调适，维持社会的稳定。由于个人或社会的原因，总会有一些社会成员不遵守这种行为模式，偏离制度所规定的程序或范围行事，从而使社会生活秩序出现混乱。在这种情况下，制度会加以干涉，根据那些社会成员偏离规范的程度给予惩戒，起到控制、整合社会行为的作用。例如，对少数社会成员的犯罪行为，法律制度可以对他们分别进行制裁。总之，社会制度不仅以强制的手段来维护社会秩序，而且也从积极的建设性方面来维护社会秩序。

（四）文化传播功能

一般而言，传统文化的继承和传递，主要是依靠社会制度来进行的。一方面，社会制度作为一种社会结构，通过自己的组织系统，把过去人类创造的文化保存下来，传递给新加入社会的成员；另一方面，社会制度本身也是文化现象，并且不断创造出新的文化，促进社会的发展。

世界上任何事物都具有两重性，社会制度也不例外。除了上述对社会发展的积极作用外，社会制度也存在一定的负功能。所谓社会制度的负功能，是阻碍社会发展、束缚人们改革创新、妨碍人们生活正常需求的消极因素。例如，由于制度本身的惰性、制度内部结构可能出现的混乱或者人为的因素使社会发展停滞不前，甚至可能把社会拉向后退。

笔记栏

由于社会制度对社会发展存在正、负两方面的作用，因此，我们在制定制度时，一方面必须尽可能全面地分析一项社会制度实施时各种因素可能对它产生的影响，以及制度实施后会产生的各种可能的后果，从而使所制定的制度尽可能完善；另一方面，要对一项社会制度实施后可能产生的负功能有足够的估计，并采取积极措施以尽可能缩小负功能所产生的消极影响。

第2节 社会变迁

人类社会是一个不断运动和变化的过程。上一节所探讨的社会制度，是社会结构的静态表现，社会学既要从相对静态的角度考察社会生活的群体结构和行为规范，又要从动态的角度考察社会结构的运行和变化问题。研究社会变迁能使我们全面、深刻地认识社会发展变化的规律。

一、定　义

社会时时刻刻处在运动变化的过程之中。从社会学意义上来看，社会变迁泛指一切社会现象的变化运动，同时特指社会结构的重大变化。它既指社会变化运动的过程，又指社会变化运动的结果。因此，社会变迁是一切社会现象如社会制度、社会组织、人口、人的环境、道德、法律、哲学、宗教、文学艺术、风俗习惯、时尚等，特别是社会结构发生变化的动态过程及其结果。要正确理解社会变迁的含义，必须把握社会变迁以下几点：

1. 范围 它涉及人类社会生活的政治、经济、文化、科学技术、道德、自然环境等方面，也具体到社会的群体、组织、制度、结构等实体。

2. 性质 它既表现为量的变化，也表现为质的变化；既可以是前进的发展、进步，也可以是停滞、倒退；既可以是人为发动的，也可以是自发进行的。

3. 速度 它既可以是突发、急剧的，也可以是渐进的；既可以是暂时的，也可以是缓慢持续的。

研究社会变迁的目的，无疑是为了促进社会向前发展。社会发展是人们经常使用的一个概念。社会发展寓于社会变迁之中，社会变迁的主要形式和总趋势是社会发展，两者是密切联系在一起的，但是这两个概念又是不同的。

(1) 社会发展指的是社会的进步,它具有一维性和单向性的特点。而社会变迁既包括社会的进步,又包括社会的退步;既包括社会的整合,又包括社会的解体,它具有多维性和多指向性的特点。

(2) 社会变迁较社会发展更具有整体性和综合性变化的特点。社会变迁一般是用来描述那些包括特定的人口、地理环境以及政治、经济、思想文化等要素在内的社会整体性单位和社会综合性现象的系统变化,而不是单一性要素的变化。

(3) 社会发展通常侧重于从宏观的角度反映社会变化的本质和一般规律,而社会变迁除了反映社会整体的变化过程以外,也重视研究社会微观领域的具体变化过程和变化规律。

二、类　　型

社会变迁可以根据不同的标准而划分成不同的类型。主要有以下几种:

1. 按规模,可划分为整体变迁和局部变迁　整体的社会变迁是整个社会体系的变化,是各个社会要素变化合力的结果。局部变迁是各个社会体系要素自身及它们之间部分关系的变化,不一定与社会整体变迁的方向和速度一致。

2. 按方向,可划分为进步的社会变迁和倒退的社会变迁　进步的社会变迁指符合社会发展的客观规律,带来社会物质和各种社会生活水平的提高,有利于每一个社会成员的全面发展的社会变迁。反之,则是倒退的社会变迁。在社会变迁的实际过程中,两者往往是同时发生的。尽管人们对"进步"有着种种不同的理解和评判标准,但促进社会进步一直是人们研究社会变迁的主要目的。例如,国家经济的高速增长,带来了人们生活水平的提高,但同时也导致社会精神生活的空虚。

3. 按性质,可划分为进化的社会变迁和革命的社会变迁　进化的社会变迁主要表现在量的方面。它是一种渐进的部分质变的社会变化过程,是社会有秩序的、缓慢的和持续的变迁。革命的社会变迁即社会革命,是社会渐进过程的中断和质的飞跃。在社会革命时期,全部社会系统和社会结构解体、改造和重组,社会由一种形态迅速过渡到另一种形态。

4. 按人们的参与和控制的程度,可划分为自发的社会变迁和有计划的社会变迁　自发的社会变迁指人类在很多方面对于社会变化的方向、目标和后果没有理性的认识,只是盲目地参与和顺从。有计划的社会变迁指人们对社会变迁的过程、方向、速度、目标和后果实行有计划的指导和管理。在现代社会中,绝大多数社会变迁都是有计划的社会变迁。

三、原　　因

社会变迁是多种因素相互作用的结果,其中最根本的原因是社会生产力的发展,以及生产力与生产关系的矛盾运动,除此以外,还有许多其他因素。

(一) 自然环境

自然环境的变动能对社会变迁产生重要的有时是巨大的影响。自然环境的变动对社会变迁的影响可以表现为两个方面。一是人类不能控制的自然力,主要是自然灾害对社会变迁的影响:地震、水灾、龙卷风等严重的自然灾害会给人类社会造成巨大的灾难。另一方面,由人类活动所引起的生态环境的变化也会给社会变迁产生很大的影响。人类会因为违背自然规律,盲目地破坏生态环境而遭到大自然的惩罚,也会因为按自然规律办事,创造出良好的社会生态环境而造福于自身。2006年,全年各类自然灾害造成直接经济损失2 528亿元,比上年上升23.8%。全年农作物受灾面积4 109万公顷,比上年上升5.9%。其中,绝收541万公顷,比上年上升17.7%。全年共发生森林火灾7 775起,比上年减少3 767起。发生特大森林火灾五起,比上年增加两起。因森林火灾造成受害森林面积41万公顷,比上年增加4.5倍。全年因海洋灾害造成直接经济损失约218亿元,比上年减少34.3%。全年发生赤潮93次,比上年增加11次;累计赤潮面积约19 840km^2,比上年减少26.7%。全年共发生各类地质灾害10.28万起,造成663人死亡,直接经济损失44.2亿元。全年我国大陆地区共发生五级以上地震14次,地震成灾事件十次。地震灾害共造成大陆地区约66.7万人受灾,比上年减少68%;受

笔记栏

灾面积约 7 168km²,比上年减少 52.3%;造成直接经济损失约 8 亿元,比上年减少 69.6%。

(二) 人口

人口变动对社会变迁也能产生不可忽视的影响。人口变动包括自然变动与社会变动两个方面。人口的自然变动包括出生率、死亡率、自然增长率以及人口的性别、年龄构成等方面的变动,它们都会对社会变迁过程产生影响。人口增长过快,会使社会资源紧张,人口密度增大,生活空间拥挤,既影响人们生活水平和生活质量的提高,也影响社会的发展。人口的死亡率过高,会使原有居民点衰落,甚至消失。人口的变动对社会变迁的影响主要体现在人口迁移方面。大规模的人口迁移会造成社会生活的不安定。青壮年劳动力的盲目外流也会影响本地区的社会发展。随着农村外出打工人员的增加,农村留守儿童越来越多,留守儿童的特殊成长环境对他们的学习、生活和心理健康造成了不利的影响。留守儿童容易产生自卑、疑虑、妒忌、逆反和极端等心理问题,引起新的社会问题。

(三) 生产力和生产关系

生产力和生产关系的矛盾运动即社会生产方式是社会变迁的根本原因。人类赖以生存的基础是物质资料的生产方式,其他一切活动都是以物质生产活动为前提的,都是建立在物质资料生产方式之上的。在生产方式内部,生产力是最活跃的因素,人们在不停顿的生产过程中,不断地增长和积累生产经验和生产技能,逐渐改进和创造生产资料,把生产力提高到新的水平。当生产力发展到新的水平时,它的性质即发生了变化,便和生产关系发生了矛盾,就要求变革旧的生产关系,建立新的社会制度,以适应生产力发展的需要。随着新的社会制度的建立,社会生活的各个方面就会发生这样那样的变化。

(四) 文化的发展和传播

从广义上讲,文化是人类创造的物质财富和精神财富的总和。科学技术的进步、劳动工具的改进、思想以及制度的形成,都是文化发展的重要表现形式。而这些进步势必给社会生活带来重大影响,直接或间接地改变人与人之间的关系。例如,蒸汽机和近代科学技术的出现所导致的工业革命;计算机技术和互联网络的发展,使人类跨入信息时代并改变着人类的生活方式。一个国家和地区的文化要素或文化形式一旦传入另一个国家或地区,也往往引起那里的局部或整体的社会变化。例如,中国发明的指南针等传入欧洲,大大推动了航海事业,直接促成了美洲大陆的地理大发现,导致欧洲大量移民迁往美洲,逐渐形成新的社会。

笔记栏

除上述因素外,社会制度、社会价值观念、生活方式等也会影响社会变迁。

第3节 社会现代化

社会现代化是社会发展的必然结果,是一种特殊形式的社会变迁过程。在社会学中,社会现代化有其特定的含义和内容。

首先,社会现代化是一个高度综合的概念,它有四层含义。

(1) 社会现代化是社会领域的一种革命性的社会变迁。它包括从农业社会向工业社会,从工业社会向知识社会的两次转型,社会生产力和生活质量的持续提高,生活方式和生活观念的根本转变,国民文化和健康素质的大幅度提高,社会福利和社会公平的根本改善以及国际地位的变化。

(2) 社会现代化也是一个长期的有阶段的历史过程,不可能一蹴而就。在 18~21 世纪的近 400 年里面,世界社会现代化可以分为两个阶段,第一个阶段是从农业社会向工业社会的转变;第二个阶段是从工业社会向知识社会的转变;在未来的 22 世纪还有新的发展。

(3) 社会现代化是一场持续不断的国际竞赛。它包括不同国家、不同民族追赶达到保持世界先进水平的国际竞赛,以及国内社会生活、社会结构、社会观念、社会制度的深刻变革。

(4) 社会现代化有国际和国内、相对和绝对两层概念。社会与经济的关系是非常复杂的。为什么?因为社会没有统一的定义,一般人认为所谓的社会就是人类社会,人类社会是一个大概念,无所不包,而我们研究的社会特指社会领域，是小社会，它包括人口与健康、学习与工作、休闲与福利等12个分领域。在国家现代化里面，社会现代化、经济现代化都是国家现代化的组成部分，没有经济现代化与社会现代化，也就没有国家的现代化。

同时，经济现代化是社会现代化的基础，而社会现代化是我们的目标，社会现代化、人的全面现代化是我们现代化的最终目标，我们的目标是要提高全民族、全国人民的生活水平、生活质量。

中国社会距离现代化有多远

中国现代化战略研究课题组在对大量数据、图表进行研究分析后，发现中国等61个国家仍然属于社会欠发达国家。根据城市化、平均预期寿命、成人识字率等指标计算的社会水平综合年代差，2001年中国与英国、美国、德国、瑞典和法国五国的差距超过80年。

链接

中国社会现代化的国际差距略小于经济现代化。研究者发现，根据人均GDP、农业劳动力比重等指标计算的经济水平综合年代差，2001年中国与美国等七个国家的差距超过80年。

2003年中国第一次社会现代化指数为73分，排世界109个国家的第57位；第二次社会现代化指数为28分，排名第59位；综合社会现代化指数为25分，排名第60位。中国社会水平距离世界先进水平的差距非常明显。

“2003年的中国处于第一次社会现代化的发展期，大约为城市化的中期。中国社会现代化水平低于世界平均水平和中等收入国家平均水平。”中国现代化战略研究课题组组长何传启研究员说。

在反映社会现代化水平的90个指标中，中国有人口增长率、死亡率、抚养率、小学入学率、青年识字率、失业率等八个指标与发达国家平均水平相当，平均预期寿命等17个指标与世界中等水平大体相当，其他指标的国际差距较大。在过去50年里，多数时期中国社会现代化快于经济现代化。

专家预计，按照1980～2003年第一次社会现代化指数的年均增长率测算，中国完成第一次社会现代化大约需要15年。

研究同时发现，2003年第二次社会现代化指数排名世界前十位的国家依次为挪威、瑞典、美国、丹麦、英国、芬兰、日本、荷兰、瑞士和澳大利亚。根据第二次社会现代化指数分组，挪威等20个国家属于社会发达国家，西班牙等33个国家属于社会中等发达国家，泰国等17个国家属于社会初等发达国家。

一、内　　容

现代化至少包括以下的内容：①工业和服务业在社会中占有绝对优势并起着主导作用；②社会结构的分化，社会功能的整合过程；③政治结构革新和政治参与扩大的过程；④文化价值观的转变和人的素质的提高。

现代化的最终目的只有一个，即提高人民的生活水平，提高人的生活质量是社会发展的终极目标。

（一）以工业化为核心的经济现代化

经济现代化是整个现代化的基础，经济上的现代化可以通过科学技术在生产中的应用，机械化、自动化程度的提高，国民生产总值及人均国民收入的增长速度，合理产业结构的建立等来衡量，而其中关键就在于工业化。工业化主要指以现代工业为核心的现代经济体系取代以传统农业为核心的传统经济体系的变革过程。它既是社会现代化的基础，又是社会现代化的核心内容。

（二）政治的民主化

政治的民主化是社会现代化的重要组成部分。一般来说，传统社会的政治大都实行高度集权的君主专制制度，君主拥有至高无上的权力，地位世袭。现代社会形成了新的阶级结构，从而要求废除旧的专制统治，实行民主制度。这与传统社会的专制制度相比是一个巨大的进步。政治现代化是经济现代化的重要保证，社会现代化的一个突出标志和要求是对社会的有效的、高效率的管理，动员社会成员积极参与社会发展进程，而要达到这个目标，建立健全一种有效协调各部门计划和发展的民主政治系统是必不可少的。

（三）社会生活空间的城市化

笔记栏

城市化意味着人类活动和居住场所由以

农村为中心转变到以城市为中心，城市人口在整个国家人口中占据主要地位。城市化是工业化和人类活动不断集中的必然要求。城市的发展对整个社会经济、政治、科学、教育等的现代化产生着广泛而深刻的影响。而且，城市所特有的社会活动的性质、社会结构和生活方式，都有利于现代思想观念和行为方式的形成。

（四）社会价值观念和生活方式的现代化

随着社会经济的日益现代化，人们的生活方式也会趋向现代化。生活方式现代化是社会现代化的必然结果和综合性标志。它的主要内容是：物质生活水平的极大提高，闲暇时间的不断增多，精神文化生活的极大丰富，精神生活在整个社会生活中比重的不断提高，人们健康水平的日益提高以及人均寿命的延长等等。生活方式的现代化包含了社会价值观念的现代化，社会价值观念的现代化是社会现代化的重要评价尺度。开放、进取、创新、耐劳、竞争、效率等精神和观念的产生与确立，既是社会现代化的结果，又是社会继续向现代化迈进的强大精神动力。

（五）社会结构的优化

社会结构是社会要素的具体的、稳定的组成方式。所谓社会结构的优化，是社会要素或社会各部门之间的最佳构成方式，主要是社会结构的分化和普遍性社会关系的建立。社会结构的分化提高了人类活动的效率，而普遍性社会关系的建立则为在理性原则基础上进行社会活动提供了可能。

（六）教育的普及和科学技术的现代化

传统社会的特征之一就是教育的不普及和科学技术的不受重视。但在现代社会里，以广泛应用科学技术为特征的社会化大生产和社会生活要求人们必须具备一定的文化素质，要求科学技术的大规模发展，从而带动了教育的普及。目前，在发达国家，大多数公民都可以接受中学或大学教育，科学技术研究机构和研究人员的队伍十分庞大。科学技术发展已经成了决定经济发展的主要因素。科学技术发展不仅带动了社会生产力的发展，而且促进了社会精神生活、物质生活的变革和人的全面发展。

案例 5-1 《国家教育事业发展“十一五”规划纲要》节选

2007年5月18日，国务院同意并转发教育部制定的《国家教育事业发展“十一五”规划纲要》。纲要贯穿了“教育优先发展、促进教育公平和提高教育质量”三大政策理念，提出了“普及、发展、提高”三大任务。这里节选了两部分内容，请认真阅读，并结合本章内容节选进行思考。

1. 全面建设小康社会要求坚持教育优先发展 全面建设小康社会、构建社会主义和谐社会，教育肩负着重要的历史使命。走新型工业化道路，建设创新型国家，必须充分发挥人力资源优势。加快教育发展，是把我国巨大的人口压力转化为人力资源优势的根本途径。建设社会主义新农村，缩小城乡、区域发展差距，改善民生，促进社会公平正义，迫切要求推进教育公平，促进教育协调发展。弘扬社会主义思想道德，传承民族优秀文化，培养合格的社会主义建设者和接班人，迫切要求实施素质教育，促进人的全面发展。城镇化进程加快，城乡居民生活水平不断提高，教育人口的数量和结构发生明显变化，就业压力较大，对多样化、高质量的教育需求日益增长。新形势新任务对教育发展提出了新的更高的要求，也提供了难得的历史机遇。

我们清醒地看到，我国人均受教育水平仍然不高，从业人员平均受教育年限仍低于发达国家平均水平3年以上，创新型人才和高技能人才不足，杰出人才缺乏。城乡、区域、各级各类教育之间发展不平衡。实施素质教育尚未取得根本性突破，教师队伍的素质和水平需要进一步提高，人才培养模式需要进一步改进。教育投入不足，与教育事业持续健康发展的需求有较大差距，一些关系人民群众切身利益的教育问题还没有得到很好解决。

当今世界，知识成为提高综合国力和国际竞争力的决定性因素，人力资源成为推动经济社会发展的战略性资源，各国纷纷把发展教育作为国家发展的战略举措。能否培养和造就数以亿计的高素质劳动者、数以千万计的专门人才和一大批拔尖创新人才，关系到全面建设小康社会宏伟目标的实现，关系到我国社会主义现代化建设的全局，关系到党和国家的兴旺发达，关系到中华民族的前途命运。必须增强使命感、紧迫感和责任感，切实把教育摆在优先发展的战略地位，抓住机遇，振奋精神，以更大的精力、更多的财力，推进教育事业持续协调健康发展。

笔记栏

2. 加快发展职业教育,提高劳动者素质

(1) 加快培养高素质劳动者和高技能专门人才。实施国家技能型人才培养培训工程,加快培养生产、服务一线急需的技能型人才,特别是现代制造业和现代服务业紧缺的高素质高技能专门人才。实施国家农村劳动力转移培训工程和农村实用人才培训工程,促进农村劳动力的合理有序转移,提高进城农民工的职业技能和适应能力,加强"三教统筹",促进"农科教"结合,培育有文化、懂技术、会经营的新型农民,为建设社会主义新农村服务。实施成人继续教育和再就业培训工程,加强对在职职工、初高中毕业生、城镇失业人员、农村转移劳动力的职业技能培训和创业培训。健全覆盖城乡的职业教育和培训网络,努力使城乡劳动力人人有知识、个个有技能。

(2) 深化职业教育的教育教学改革。坚持以就业为导向,积极开展订单式培养,大力推行校企合作、工学结合、半工半读的人才培养模式。更新教学内容,改进教学方法,提高学生的实践能力、职业技能和就业能力。加快建立弹性学习制度,逐步实施学分制和选修制。积极推动东西部之间、城乡之间职业院校实行联合招生、合作办学。加强对学生的职业道德教育和就业指导工作。优化职业教育专业结构,大力发展面向新兴产业和现代服务业的专业。

(3) 加强职业教育基础能力建设。 继续实施职业教育实训基地建设计划,在重点专业领域建设 2 000 个专业门类齐全、装备水平较高、优质资源共享的实训基地。继续实施县级职教中心建设计划,重点扶持建设 1 000 个县级职教中心。实施示范性高水平职业院校建设计划,重点建设 1 000 所示范性中等职业学校和 100 所示范性高等职业院校。实施职业院校教师素质提高计划,支持师资培训工作,建立教师社会实践制度,加强"双师型"教师队伍建设。

(4) 营造职业教育发展的良好制度环境。各级政府要切实把发展职业教育放在更加突出更加重要的位置,加强领导和统筹,建立、完善职业教育工作联席会议制度,协调处理好有关部门之间、学校与企业之间的关系,逐步增加公共财政对职业教育的投入,重点支持面向农村学生的中等职业教育发展,支持少数民族地区职业教育和成人教育发展。落实企业合理分担职业教育办学经费的相关政策,采取税收优惠等措施,鼓励企业为职业院校学生提供更多的实习岗位,支持行业企业参与职业教育办学和技能型人才培养,形成政府主导、行业企业与学校紧密合作的职业教育新格局。完善职业资格证书制度。逐步提高技能型人才的社会地位、经济收入和社会保障水平,形成全社会关心、重视和支持职业教育发展的良好氛围。

问题

(1) 全面建设小康社会需要做很多工作,为什么要把教育放在优先发展的位置?

(2) 加快发展职业教育,提高劳动者素质,对我社会主义现代化建设有何意义?

(3) 国家关于职业教育的政策给职业院校的学生带来哪些机遇和挑战?如何应对?

(七) 人的现代化

人是现代化的主体,是现代化活动的实际承担者。所以,只有实现了人的现代化,才有社会活动的现代化,才有现代社会的建立。现代科技与生产的发展,对劳动力的素质提出了越来越高的要求。在发展中国家,个人现代化的程度较低,传统的思想方式和行为方式支配着人们的生活,这是造成现代化不能顺利进行的重要原因。事实证明,社会现代化更需要人的现代化,缺乏人文精神的经济发展,不是社会的全面发展。

以上几个方面,是就社会现代化的主要内容而言,并非社会现代化的全部。同时应当注意,它们之间是相互联系、相互影响甚至是同步进行的。

一个现代人所应具有的基本特征

①现代人准备和乐于接受没经历过的新的生活经验、思想观念、及行为方式;②准备接受社会的改革和变化,不固守传统,乐于面对改变现实;③思路广阔,头脑开放,有不同意见和看法;④注重现在与未来,守时惜时;⑤强烈的个人效能感,对人和社会的能力充满信心,办事讲究效率;⑥习惯计划,特别是注重制定长期规划和发展战略;⑦尊重知识与科学,在知识获取上重实证,轻臆想与妄说;⑧对他人与自己有较强的可依赖性和信任感;⑨重视专门技术;⑩对教育的内容和传统的智慧敢于挑战;⑪相互了解、理解、自尊和宽容;⑫了解生产及过程;⑬对自己和社会生活及未来,一般持有一种乐观的态度;⑭要有较强的特殊意识感。

接链

笔记栏

二、中国社会现代化

我国现代化的历史进程可以一直追溯到清代的洋务运动。当时,一些立志救国的知识分子提出了"西化"、"洋化"的口号。可是在灾难深重的旧中国,这种追求没能实现。新中国成立以后,实现现代化的梦想才真正变成了现实。在1964年全国第四届人民代表大会上,中央政府向全国人民发出了实现现代化宏伟目标的号召。然而,"文化大革命"使得我国社会现代化的历史进程又延误了一段时间。1978年,中国共产党十一届三中全会召开,改革开放的方针政策确立以后,中国才真正开始进行社会主义现代化建设。

(一) 我国向现代化迈进的历史起点和国情

正确认识我国现代化建设起步时的现实历史条件,对于正确认识我国现代化的特点和应当采取的方针政策具有十分重要的意义。

改革开放之初,一方面,我国幅员辽阔,自然资源丰富,劳动力资源丰富;在经济基础上,已经建立起了以生产资料公有制为基础的社会主义经济制度,建立了独立的、比较完整的工业体系;在政治制度上,已建立起以全国人民代表大会为基本制度的社会主义政治制度,为建设高度民主的社会主义现代化打下了基础;在教育上,已经建立起比较完备的大、中、小学和职业教育的体系,为国家建设输送了大量的人才;在其他领域如文化、卫生、科技、体育等方面也取得了基础性的成就。但是另一方面,我国人口众多,自然资源相对缺乏,市场经济尚不发达,小农经济普遍存在,生产力发展水平还比较低。全国各地发展极不平衡,东西差距较大,贫困地区还有7 000万人口没有解决温饱问题;我国的产业结构也不尽合理,农业、能源、交通等基础产业还比较落后,社会服务业还不能满足社会化大生产和人民群众生活的需要。另外,我国的各项制度仍需完善,民主法制建设还存在许多薄弱环节,教育质量以及科学技术的普及和提高还比较缓慢,等等。这在一定程度上制约着我国的经济和整个社会的发展进程。

笔记栏

总之,我国现在还处于社会主义初级阶段,我们既应看到我国社会主义现代化建设的许多有利条件,也应看到许多不利条件;既应当对我国的现代化建设充满信心,又应当充分认识我国现代化建设的长期性和艰巨性。

(二) 中国现代化目标的特点

我国的具体国情决定,我国的现代化必然既区别于发达国家,又区别于其他发展中国家,从而具有自己的独特性。

1. 有中国特色的社会主义现代化 我国的现代化是建立在公有制基础上的社会主义现代化。在社会主义初级阶段,我国要在社会主义条件下发展市场经济,不断解放和发展生产力;完善社会主义民主政治制度;建设科学的、大众的社会主义文化。

2. 共同富裕目标的现代化 我国的现代化是以全体劳动人民共同富裕为目标的现代化。在现阶段,鼓励一部分人通过诚实劳动和合法经营先富起来,但最终目标是实现全体劳动人民的共同富裕,而不是贫富两极分化。

3. 三个文明同步的现代化 我国的现代化是经济发展与社会进步、物质文明、精神文明和政治文明的同步现代化。我们既要实现经济和技术的高度发达,又要实现政治的民主化,以及全社会精神文明建设的高度发展。

4. 城乡兼顾的工业现代化 我国的工业化走的是城市与农村、城市大工业与乡村小工业互相促进、互相补充、共同发展的道路;与工业化相伴随的城市化不是人口向城市高度集中的城市化,而是以发展中小城市为重点的城市化发展道路。

总之,我国的现代化必须是符合我国国情的、具有中国特色的、经济与社会协调发展的社会主义现代化。

(三) 中国社会现代化的发展战略及基本方针

我国社会现代化的目标,是把我国建设

成为富强、民主、文明的社会主义现代化国家。实现这一目标的战略部署：第一步，实现国民生产总值比1980年翻一番，解决人民的温饱问题，这一目标已于1987年基本完成。第二步，到20世纪末，使国民生产总值再增长一倍，人民生活达到小康水平，这一目标也于2002年基本完成。第二步，到21世纪中叶，人均国民生产总值达到中等发达国家水平，人民生活比较富裕，基本实现现代化。

2002年11月8日，江泽民在中国共产党第十六次全国代表大会上的报告中提出了“全面建设小康社会”的奋斗目标。报告认为，我国的现代化建设已经实现了“三步走”战略的第一步、第二步目标，人民生活总体上达到小康水平。

21世纪的头20年，是实现现代化建设第三步战略目标必经的承上启下的发展阶段，也是完善社会主义市场经济体制和扩大对外开放的关键阶段。经过这个阶段的建设，再奋斗几十年，到21世纪中叶基本实现现代化，把我国建成富强、民主、文明的社会主义国家。

全面建设小康社会的目标：

(1) 在优化结构和提高效益的基础上，国内生产总值到2020年力争比2000年翻两番，综合国际竞争力明显增强。基本实现工业化，建成完善的社会主义市场经济体制和更具活力、更加开放的经济体系。城镇人口的比重较大幅度提高，工农差别、城乡差别和地区差别扩大的趋势逐步扭转。社会保障体系比较健全，社会就业比较充分，家庭财产普遍增加，人民过上更加富足的生活。

(2) 社会主义民主更加完善，社会主义法制更加完备，依法治国基本方略得到全面落实，人民的政治、经济和文化权益得到切实尊重和保障。基层民主更加健全，社会秩序良好，人民安居乐业。

(3) 全民族的思想道德素质、科学文化素质和健康素质明显提高，形成比较完善的现代国民教育体系、科技和文化创新体系、全民健身和医疗卫生体系。人民享有接受良好教育的机会，基本普及高中阶段教育，消除文盲。形成全民学习、终身学习的学习型社会，促进人的全面发展。

(4) 可持续发展能力不断增强，生态环境得到改善，资源利用效率显著提高，促进人与自然的和谐，推动整个社会走上生产发展、生活富裕、生态良好的文明发展道路。

全面建设小康社会的目标，是中国特色社会主义经济、政治、文化全面发展的目标，是与加快推进现代化相统一的目标，符合我国国情和现代化建设的实际，是21世纪头20年，中国进行社会现代化建设的指导性纲领。为实现上述战略目标，中国现代化的基本方针是：

(1) 把发展生产力作为全部工作的中心。发展生产力是社会主义社会的根本任务。在社会主义初级阶段，为了摆脱贫穷和落后，要把发展生产力作为全部工作的中心，这是考虑一切问题的出发点和检验一切工作的根本标准。

(2) 坚持四项基本原则。四项基本原则即坚持社会主义道路、坚持人民民主专政、坚持中国共产党的领导、坚持马克思列宁主义毛泽东思想。四项基本原则是立国之本，是我国现代化建设的根本保证。

(3) 坚持改革开放的方针。改革开放是我们的强国之路。社会主义是在开放中前进的社会。在当今国际经济关系越来越密切的形势下，任何国家都不可能在封闭的状态下求得发展，尤其要发展对外经济技术交流与合作，努力吸收世界文明成果，逐步缩小与发达国家的差距。改革开放的同时，还必须坚持独立自主、自力更生、艰苦奋斗、勤俭建国的方针，牢牢掌握住自己的命运和现代化的发展道路。

(4) 大力发展多种经济成分。在社会主义初级阶段，要在以公有制为主体的前提下，发展多种经济成分。在以按劳分配为主体的前提下，实行多种分配形式并存，充分调动社会成员的积极性。

(5) 努力建设民主政治。社会主义应当有高度的民主、完备的法制体系，以维护安定团结，保证现代化建设的顺利进行。

(6) 加强社会主义精神文明建设。我们必须通过提高整个民族的思想道德素质和科学文化素质，形成有利于现代化建设和改革开

笔记栏

放的理论指导、舆论力量、价值观念、文化条件和社会环境。

全面地执行我国所确定的现代化方针，是我国社会主义现代化建设取得成功的根本保证。

三、全球化对中国社会现代化的影响

20世纪中叶以后，全球化趋势日益明显，“作为一个概念，全球化既指世界的压缩，又指世界使一个整体的意识的增强”。这种趋势首先表现在经济领域。经过农业、工业、服务业和信息业的多次发展浪潮的推动，经济全球化已经成为全球经济的主要发展趋势。世界各国都深刻地意识到，激烈的国际市场正日益切入本国的国民经济。

所谓全球化就是人类不断地跨越空间障碍以及制度、文化的差异等社会障碍，在全球范围内实现充分沟通（物质的与信息的）和达成更多共识以及共同行动的过程。全球化不仅是一种经济现象，而且是一种文化现象、政治现象。现代化与全球化虽然不是完全重合和同步的，但是在人类走过的现代化历史进程中，现代化与全球化具有相当程度的关联性。在全球化时代，西方的现代化文明模式越来越产生全球性的影响。中国的现代化是全球现代化的一个组成部分，离不开全球化的国际背景。2002年，中国加入了世界贸易组织，这标志着中国以平等贸易伙伴的身份进入经济全球化的现实进程。全球化对中国社会现代化的进程必将产生深远的影响。

全球化对中国正在进行的现代化所产生的影响，表现为机遇与挑战并存。

（1）经济全球化为我国企业利用最有利的地点和资源从事生产经营活动提供了最大限度的可能，它带来了国际分工的发展。产业的转移和资本、技术等生产要素的流动，对弥补我国经济建设资金不足，改进生产技术，学习国外先进的管理经验，利用后发优势迅速实现我国产业结构优化、技术进步、制度创新和经济发展都提供了难得的机遇。

（2）全球化有利于我国民主法治政治的形成。一方面，中国通过融入全球化潮流，在制定法律方面可以更多地学习、借鉴、吸收甚至移植国外立法和国际立法的成功经验，在经济立法方面更加注意同国际立法接轨，按照国际惯例办事。同时，我国立法体制的民主化、立法行为的程序化、立法技术的规范化等立法环节，也都会直接或间接地受到全球化的影响，从而逐渐向国际规范靠拢。

（3）全球化还有利于中国文化的现代化。伴随着经济全球化的进程，国外先进的、为世界各民族人民普遍认同的文化价值观念也传入我国。自由、民主、平等、法治、理性等现代理念，对于消除我国传统国民意识中的特权、等级、身份、均平的落后观念和意识，形成与社会主义市场经济、民主法治政治相适应的现代观念，将起到积极作用。此外，全球化为我国学习国外先进的科学技术知识，促进中国的文化学术走向世界并与国际文化学术研究接轨，起到了催化剂的作用。

但也应该看到，全球化在给中国的现代化带来机遇的同时，也使中国面临巨大的挑战。

全球化对我国经济、政治安全的威胁主要有以下几个方面：第一，加入世界贸易组织会冲击我国一些产业部门，由此还可能发生相关联的失业等社会问题。第二，经济全球化既传导经济景气，也传导经济衰退，因此，它会增大我国经济的波动性。第三，国际金融市场巨额资金的流动性、随机性和风险性，一方面在某些方面有益于我国的经济，但另一方面又增加了我国的经济发生大危机的可能性。第四，由于对外经贸关系的发展，我国经济生活的某些方面和某些部门有被外国经济组织控制的危险。第五，政治制度的稳定性和民族文化将受到威胁。在政治领域，某些西方大国往往把自己的意识形态和政治价值观念强加给我国；在文化领域，信息高速公路使得信息得以在全球传播，占强势的西方文化有可能对我国的民族文化建设产生冲击。

面对全球化给中国社会现代化带来的机遇和挑战、利益和弊端，我们应该有正确的认识。它们实际上是一个事物的两个方面，我们要把机遇和利益变成矛盾的主要方面，并采取相应的应对策略，例如树立新的安全观；不断进行制度创新，加速国内改革进程等措施，从而使矛盾在总体上向对我国社会现代化有利的方向发展。

笔记栏

社会制度作为人们社会关系和社会行为的相对稳定的规范体系，与一定的历史条件紧密相连，它是从静态角度分析社会结构的方面之一。而社会变迁则是从动态的角度探讨社会结构的变化。社会变迁有多种类型，社会现代化就是一种特殊形式的社会变迁。中国正在探索和实践社会现代化道路，并且这种探索离不开全球化的客观背景。对社会制度与社会变迁的学习，有助于理解和认识我们所赖以生存的社会大背景，更加主动地把握个人的发展方向，同时增强对社会的责任感。

小结

目标检测

一、名词解释

1. 解释社会制度的含义。
2. 解释社会变迁的含义。

二、简答题

1. 简述社会制度的基本功能。
2. 社会变迁有哪些类型？
3. 社会变迁的有哪些原因？
4. 社会现代化内容有哪些？

三、思考题

试论述中国现代化发展战略的基本方针。

笔记栏

第6章 社会问题及社会控制

学习目标

1. 认识社会,掌握社会问题的含义及基本特征
2. 能简述社会控制的含义、特点
3. 分析社会问题产生的根源
4. 能理论联系实际,做一个合格的社会成员

社会学自诞生以来,其所积累的知识和其倡导的价值观念不断地运用到社会的各个领域,对人们进行社会改革、社会管理实践起到了重要的作用。在人类社会发展过程中,某些社会活动和社会关系发生矛盾,并引起人们的普遍注意,需要以社会的力量来加以解决,这就形成了社会问题。社会发展需要有正常的社会秩序,社会控制就是研究如何维持正常的社会秩序,使社会各个方面更加和谐。

第1节 社会问题

人类社会的发展是一个从低级到高级,不断进步、不断完善的动态过程,在这个发展过程中的各个阶段及社会生活的不同领域,由于诸多因素的影响,总是充满着各种各样的矛盾,会出现许多问题,这些问题影响着社会多数成员的生活,这就形成了社会问题。

一、含　义

(一) 个人问题与社会问题

我们每个人都是社会中的一员,人与社会处在相互联系、相互制约的关系之中。个体在适应社会的同时也在不断地改造社会,推动社会逐步向前发展,在这不断渐进的社会生活过程中,个体会遇到诸多困难和麻烦,产生个人问题;但无论是发生在学习还是生活或是工作中的个人问题,都只是涉及个人及其生活环境,其影响在一定范围以内,通过各种努力,在有限的范围内可以得到妥善解决。而社会问题的范围可以说和社会本身一样广泛,不同的社会有着不同的社会问题,它与社会政治、经济、文化密切相关,只有通过全社会的共同努力,才能解决有关的社会问题。

案例 6-1　小提琴才子迈克尔·雷宾

迈克尔·雷宾(Michael Rabin,1936~1972)是伊凡·加米安(Ivan Gaman)门下出名最早、才分最高的学生。他因个人问题而屡屡受挫,过早地去世,令许多乐迷深感惋惜。加米安在1977年仍然动情地说道:“他是个不同凡响的才子,没有任何欠缺,从来没有!”钟爱之情依然可见。

1936年5月2日,雷宾生于纽约。其父亲是纽约爱乐乐团的小提琴手,母亲是朱利亚音乐学院毕业的钢琴教师。1岁的雷宾可以准确地打拍子;3岁时已经表现出有绝对音高的听感;5岁时其母亲开始教他弹钢琴。但是命中注定小提琴才是这孩子的乐器。

一天,在一位医生家里,雷宾看见了一把玩具小提琴,他抓过去就玩了起来。临走时,他不想与这把小提琴分手。医生让孩子把小提琴带走。回到家后,父亲就教儿子学,才教了四次课,父亲已经明白儿子的才能不知胜过自己多少倍。他给雷宾请老师,这位老师就是刚刚从巴黎移居纽约的加米安。雷宾拉了段维瓦尔弟小提琴协奏曲中的困难乐章给加米安听。尽管印象很深,加米安还是先让雷宾跟自己的助手学习了一个夏天之后,才接收其为正式学生,而且是先私下从学,后来才到朱利亚音乐学院学习。

雷宾的第一次职业亮相是1947年在古巴,演奏的是维尼亚夫斯基的第一小提琴协奏曲,他当时还不到11岁。1950年,他首次在卡内基音乐厅登台,演奏了维尼唐的第五小提琴协奏曲。评论界和音乐界对这

笔记栏

位少年的成功感到十分振奋。著名指挥家塞尔说:"他是二三十年来我注意到的最了不起的小提琴才子。"据说米沙·埃尔曼也拍着雷宾的肩膀对他的演奏表示赞赏。这也难怪,雷宾极富乐感的琴声和埃尔曼的美学理想多少有些合拍。

雷宾的艺术尚未完全成熟即已夭折。他缺乏必要的感情源泉来保证自己的艺术之树长青。他在如日中天时,事业因个人问题而屡屡受挫。1972年1月19日是寒冷的一天,雷宾在地毯上滑倒,头撞到桌子上突然而逝。加米安说:"他不是死于吸毒,那时,他已经戒掉了毒品。"但是,纽约市药检部门的报告表明,雷宾正是在毒品的作用下失控而跌倒致死的。

问题 试分析个人问题与社会问题有何不同?

(二) 社会问题的确认

社会问题的形成,一般具备如下条件:

(1) 这种社会现象超出社会发展的正常状态。

(2) 对社会全体或部分人员的正常生活有影响。

(3) 对社会协调发展有影响。

(4) 需要依靠全社会的力量才能解决。

我们现阶段面临的社会问题非常复杂,因此,我们要认识到解决社会问题的艰巨性。许多社会问题将长期存在并影响社会的发展,影响社会中多数成员的社会生活,但只要全社会坚持不懈地努力,社会问题是可以控制在一定范围之内的。

社会问题

社会问题指社会关系或社会环境失调,并引起人们的普遍关注,影响社会全体或部分成员的正常社会生活,影响社会协调发展,需要依靠社会力量加以解决的问题。

链接

二、基本特征

(一) 普遍性

社会问题是人类社会的必然产物,古今中外的社会都存在社会问题。不同的社会、同一社会的不同历史阶段皆存在社会问题。从生产力低下的原始社会到科技发达的现代社会,社会问题与人类社会的发展长期相伴。随着生产力水平的不断提高,人类社会不断地向前发展。在人类社会的发展过程中,社会各部门、各系统之间,会不可避免地出现许多矛盾,社会与环境之间也会出现不协调、不平衡的现象,最后造成社会关系和社会环境的失调,产生各种社会问题。

社会问题的普遍性

社会问题的普遍性,主要指它不是较小的局部领域存在的个别现象,而是较大范围的社会领域普遍存在的现象。

链接

(二) 复杂性

当前我国面临的主要社会问题包括人口、生态、教育、贫困、失业、犯罪等,所有这些问题都是在社会发展过程中,在一定的历史背景、社会转型背景、体制转轨背景和全球化背景下产生的,许多社会问题摆脱不了其深刻的历史背景:社会转型导致社会结构的变化、社会规范的混乱;计划经济向市场经济的转轨引起社会利益格局的调整;全球化进程的加快,使我们面临来自西方社会的巨大影响。因此,全球化、工业化、城市化和市场化这四个社会动力与我们面临的社会问题有着密切的联系。同时,我们应当注意到不同的社会问题之间有着错综复杂的联系。一个社会问题可能导致另外一个社会问题的出现,如失业可能导致贫困,贫困可能导致犯罪;有时,一个社会问题的缓解可能引起另一个社会问题的加剧。如我国实行计划生育以来,少生了3亿多人,有效地缓解了人口对资源、环境的压力,有力地促进了经济发展和社会进步。然而随着计划生育政策的成功实施,生育率过低的负作用也显现出来。那就是中国正以惊人的速度进入老龄化社会,遇到了"未富先老"的危机。由此可见,我们面临的社会问题非常复杂,需要用整体观点、系统观点来解决社会问题。

笔记栏

社会问题的复杂性

所有的社会问题都不是一个单一的和孤立的现象，许多的社会问题的产生都是由多种因素造成的。

链接

(三) 相对性

任何一个社会问题的形成，既有历史的根源，又有现实的社会背景。不同的社会有着不同的社会问题，同一个社会的不同历史阶段也有着不同的社会问题。美国社会比较突出的社会问题是犯罪、非法移民和种族歧视；我国目前比较突出的社会问题是人口、生态环境和教育等。

社会问题的相对性

由于不同地区、不同国家、不同民族的道德规范、风俗习惯、社会法规以及宗教信仰的不同，人们对社会问题认识的标准也不同，在这一社会被人们看作是问题的现象，在另一社会可能会被看作是正常的现象。

链接

(四) 历史性

如奴隶社会的奴隶主剥削奴隶问题，封建社会的地主剥削农民问题，现代社会的人口、环境、犯罪、吸毒等社会问题，随着社会的不断变迁，各种旧的社会问题不断得到解决，新的社会问题又不断出现。我们不能脱离历史来看社会问题，而要根据不同的历史阶段来看社会问题。因为，不同的历史阶段生产力的发展水平有着很大的差异，社会政治、经济、文化的结构及相互关系也有很大的差异，社会问题的内容和表现形式也千差万别。所以，要充分考虑到社会问题的历史性，依靠全社会的力量，不断努力，不断探索解决社会问题的方法和途径。在当今社会，由于全球化进程的加快，一些社会问题不仅仅是某一个国家的问题，也是全世界所面临的共同问题，如恐怖主义问题、毒品走私问题、生物入侵问题等，需要世界各国共同努力、联合行动才能逐步解决。

笔记栏

社会问题的历史性

任何社会问题都是相对一定历史条件而言的，不同的历史时代存在不同的社会问题。

链接

三、研究社会问题的意义

(一) 必要性

社会学的研究核心就是要研究社会良性运行和协调发展的规律，逐步建立和谐社会。任何社会在其发展过程中都不可避免地会产生各种社会问题。现代社会中社会问题产生的根源和背景，不是单一的“经济原因”或“主观原因”，而是由多种因素造成的，即人口的、心理的、社会的和文化的。这四种因素当中的任何一种，都可能导致社会问题的产生。首先，由于人口过剩，随之会产生贫困、移民、住房拥挤以及环境污染等社会问题；其次，由于社会价值等社会心理因素，如社会态度和宗教信仰等价值观不同乃至发生冲突，可能导致种族歧视、恐怖行动等社会问题，如发生在美国的“9·11”恐怖行动就向世人敲响了警钟。

马克思在《资本论》第一卷中写道，“帕修斯需要一顶隐身帽来追捕妖怪，我们却用隐身帽紧紧遮住眼睛和耳朵，以便有可能否认妖怪的存在”。任何“紧紧遮住眼睛和耳朵”的行为都只不过是自欺欺人之举，无助于任何社会问题的解决。我们要认识到社会问题是客观存在的，我们有必要研究社会问题的产生、发展及变化的规律，找到产生社会问题的根源，发动全社会的力量进行综合治理，寻求解决的方法和途径，使我们的社会能够不断向前发展。

(二) 紧迫性

研究社会问题对我们当前的社会来说也具有紧迫性。由于全球化、工业化、城市化和市场化的影响，我们目前面临着许多诸如人口、环境、教育、失业、贫困、腐败等社会问题，这些社会问题在一定程度上阻碍着社会的发展。对这些社会问题的研究，是社会学者不容推卸的社会责任，只有依靠全社会的力量，找出这些社会问题的内在规律，才能逐步解决，促进社会良性运行、协调发展。

四、类型及产生的根源

(一) 类型

社会问题的最早分类可见于美国社会学家 Odun 于 1947 年出版的《了解社会》(*Understand Society*)一书所提出的分类,其中包括个人性的问题、社会性的问题、经济关系性的问题、制度性的问题。

1. 对社会问题依据具体内容分类 这是从各国的社会现实出发,依据人类生活的范围,对各自存在的社会问题进行具体的分类。任何社会问题的本质都是一种社会失调,即不稳定、不平衡,根据其失调的内容不同可分为:

第一,社会自然环境失调造成环境污染问题。

第二,人口方面的失调造成人口过剩问题。

第三,教育失调造成教育方面的社会问题。

第四,政治方面发生失调造成权力腐败问题。

第五,社会安全方面的失调造成吸毒、贩毒问题等。

2. 对社会问题依据空间分类 任何社会现象都有其社会范围、发生规模、地域界限等,社会问题也是如此,不同范围的社会问题,其产生的具体原因、对社会的影响程度、解决的条件和方式都不同。社会问题依据人类不同的生存空间可分为:

第一,全球性的社会问题如环境污染问题。

第二,主权国家范围内的社会问题如美国的种族歧视问题。

第三,自然区域的社会问题如某些地方性疾病。

第四,民族区域内的社会问题。

第五,经济区域内的社会问题等。

(二) 形成因素

社会问题的形成因素错综复杂,概括起来主要有以下三方面的原因:

1. 社会问题的经济因素 社会是由经济、政治、文化等因素构成的有机体,而经济又是社会发展的前提和基础。从生产力发展水平来看,我国现阶段生产力发展的水平和发达国家相比,还处于社会主义市场经济的初级阶段,受其制约,社会再生产过程中的人口、自然再生产能力也处在一种发展水平较低的状态,对社会的良性运行、协调发展产生了不利的影响,产生了许多社会问题。例如,我国东西部经济发展不平衡,据统计,2005 年东部地区生产总值在全国的比重为 64.0%,西部地区为 18.3%;东部地区人均生产总值为 23 042 元,西部地区为 9 536 元,西部相当于东部地区的 41.4%;西部地区居民收入占东部地区的 66.7%。这还造成了东西部在教育等其他诸多方面的不平衡,从而使人口、教育、环境等社会问题加剧。人口数量过剩、人口素质低下是社会经济发展的又一重大制约因素。而且,资源再生产出现危机,中国属于资源大国,但人均占有量却把我们远远地抛在了贫困线以下,我国人均矿产资源、耕地面积、水资源、森林蓄积量分别为世界人均占有水平的 1/2,1/5,1/4,1/10,且在不断下降。

2. 社会问题形成的体制因素 我国目前的社会是一个由计划经济体制向市场经济体制转化、由行政控制占主导地位向法律控制占主导地位转化的社会。在这样的社会转型时期不可避免地存在制度整合失调、控制失灵的现象,并产生诸多的社会问题。当前我国面临的主要社会问题包括人口、环境、教育、贫困、腐败,所有这些问题都是在社会发展过程中,在一定的社会转型背景下产生的。在这转型过程中,新旧体制的碰撞所带来的阵痛不可避免。

3. 社会问题形成的价值观因素 社会转型时期,原来占主导地位的旧的价值观体系逐渐受到社会主义市场经济新价值观体系的冲击,全球化的影响也带来了西方文化的强烈冲击,然而,这一过程不可避免地影响着社会的协调发展,从而加剧了社会转型时期社会矛盾、社会冲突的产生,因此产生了许多社会问题。

五、中国面临的主要社会问题

当代中国面临的社会问题非常复杂,这里我们重点分析人口问题、生态环境问题及教育问题。

(一) 人口问题

笔记栏

人口是社会的主体,是社会存在和发展的

基础和前提。所谓人口，是生活在特定社会历史时期、特定地域范围的个人的总和。人口的基本状况可以从静态和动态两个方面来进行考察。人口问题的实质是人口发展与社会良性运行、协调发展之间的矛盾。人口问题是我国当前重大的社会问题。处理好我国的人口问题，将对我国社会主义市场经济的建设产生深远的影响。

1. 人口数量问题，人口数量持续增长

1999年10月12日，在波黑首都萨拉热窝一家医院中一名男婴的降生，标志着世界人口总数达到了60亿。在人类产生以后的绝大部分时间里，人口一直处于“高出生率、高死亡率、低增长率”的简单再生产状态。产业革命后，生产力的发展、城市的兴起以及医疗水平的提高给了人口增长以巨大的推动力。从此以后，世界人口处于“高出生率、低死亡率、高增长率”的高速发展状态。20世纪尤其是第二次世界大战以来，西方国家走出一条“低出生率、低死亡率、零增长率乃至负增长率”发展之路，而广大发展中国家由于民族独立，人民温饱问题的解决，医疗水平的发达，人口处于“高出生率、低死亡率、高增长率”的高速发展之路。统计数据表明，世界人口1800年为10亿，1930年达到20亿，1960年达到30亿，1974年达到40亿，1987年达到50亿，1999年达到60亿，2005年达到65亿。联合国人口司2007年3月13日公布的一项研究报告显示2050年时，世界人口总数将增至92亿，其中，绝大部分新增人口来自欠发达国家（表6-1）。随着人口的增长，人口对于整个世界的生存与发展已经从原来的动力之源变成了20世纪尤其第二次世界大战以来的现实压力。科学家早先的测算结果认为，地球最多能够养活100亿至150亿居民。如果不及时有效控制人口增长，人类可持续发展的理想很可能难以实现。

表6-1 世界人口数据

年份	人口（亿）
1800	10
1930	20
1960	30
1974	40
1987	50
1999	60
2005	65
2050	92（预计）

笔记栏

就中国来讲，有学者估计，约1.2万年以前的旧石器晚期，中国人口可能已有100万左右。中国最早的人口数字出自皇甫谧所著的《帝王世纪》。据记载，夏禹时（大约在公元前2100年），全国人口为1 355万人，约占世界人口的1/6。公元前246年秦始皇即位到公元前221年统一中国，这一时期因战乱全国人口一直处于下降趋势，到公元前206年刘邦建立汉朝，人口降到最低点。以后的200年中人口始终徘徊在2 000万至3 000万之间。汉平帝元始二年（公元2年）全国人口达到约6 000万，约占世界人口的1/5。经过700年后，康熙五十年（1711年）全国人口第一次突破1亿，达到1.1亿。由于中国出现“康乾盛世”局面，到道光二十年（1840年），总人口猛增到4.1亿，129年间人口增加了3亿。新中国成立后，我国人口进入飞速发展阶段。1949年为5.4亿人，1957年为6.4亿人，8年时间人口增长1亿；1964年总人口超过7亿，1969年总人口超过8亿，1974年总人口超过9亿。这一时期每增长1亿人时间间隔为5年。由于我国实行计划生育政策，人口从9亿到12亿时间间隔延长到8年。根据第五次全国人口普查统计，截至2000年11月1日，全国（含台、港、澳、金门、马祖）总人口达12.953 3亿，占世界人口总数的22%。2005年底进行的全国1%人口抽样调查数据显示我国总人口达到13.075 6亿（未包括中国香港、中国澳门、中国台湾省人口数），雄踞世界第一大国。与第五次全国人口普查的总人口相比，中国人口总数增加了31 256万人，增长3.2%。人口年平均增加809万人，年平均增长0.63%。我国实行计划生育30多年来，生育率迅速下降，进入了世界低生育水平国家的行列。然而由于人口增长的惯性作用，当前和今后十几年，中国人口仍将以年均800万～1000万的速度增长。预计全国人口2010年将达到14亿，2050年将达到峰值16亿，之后缓慢递减（见表6-2）。因此，庞大的人口数量仍然是中国国情最显著的特点之一，对中国经济社会发展产生多方面影响，在给经济社会的发展提供了丰富的劳动力资源的同时，也给经济发展、社会进步、资源利用、环境保护等诸多方面带来沉重的压力。

表 6-2 中国人口数据

年份	人口(亿)
1949	5.4
1957	6.4
1964	7
1969	8
1974	9
2000	12.95
2005	13.07
2010	14(预计)
2050	16(预计)

新中国成立50多年来,我国大致经历了三次人口出生高峰:第一次出生高峰发生于1950～1957年之间。这段时期平均生育率高达35.56%……约有94%的妇女生育三个孩子,近半数的妇女生育六个孩子。尽管这个阶段的人口基数比现在的小,但平均每年出生的人数均为2 088.5万人;第二次出生高峰发生在1962～1971年期间,而且持续时间长达10年。这个时期的出生率仍处于较高水平,10年的平均水平高达32.32%。而且每年的出生率都在30%以上,平均每年的出生人数高达2 795.2万人,比第一次出生高峰时期的平均数高出了700多万;第三次出生高峰则发生在1981～1990年间。这个时期虽然实行了严格的计划生育,但我国人口的出生水平仍相对高于20世纪70年代末期和90年代以来的出生水平。这段时期出生率的平均值为21.34%,比第二次出生高峰的平均值下降了34%左右。到第三次出生高峰结束时,中国人口规模又上了一个台阶,达到11.4亿人。据国家有关部门的预测,我国第四次全国生育高峰已经迫近。受20世纪80～90年代第三次出生人口高峰影响,在2005～2020年期间,20～29岁生育旺盛期育龄妇女数量将形成一个高峰,同时,由于独生子女陆续进入生育年龄,按照现行生育政策,政策内生育水平将有所提高。上述两个因素共同作用,导致中国将迎来第四次出生人口高峰。未来我国的人口总量高峰、就业人口高峰、老龄人口高峰相继到来,我国人口将面临巨大压力。

吃饭问题历来是中国人的大问题。新中国成立后,政府带领人民大力发展粮食生产,用占世界7%左右的耕地,养活了占世界22%的人口。1949年,中国粮食总产量只有1.132亿吨,1978年达到3.048亿吨,29年间年均递增3.5%。1984年,中国粮食总产量达到4.073亿吨,6年间年均递增4.9%,是新中国建立以来粮食增长最快的时期。1995年,中国粮食总产量达到4.666亿吨,11年间年均递增1.2%。与1949年相比,粮食总产量增长了三倍多,年均递增3.1%,基本解决了人民的吃饭问题。世纪之交的中国粮食生产已经基本上改变了短缺的局面。而且1997～2002年,粮食价格连续两次下降,粮价下跌给政府财政负担和农民带来了明显的影响。但到2003年10月以来,粮价突然开始上涨,2003年10月和2004年3月两次大幅上涨,使粮食紧张的气氛又开始在政府和社会蔓延开来。从2003年开始,我国政府通过增加种粮农民补贴及减免农业税等措施加大粮食生产的力度以确保国家粮食安全。现实又给我们敲响警钟:粮食问题不能放松。这是由我国特殊的国情决定的:中国目前有13亿人口,每年大约需要近5亿吨的粮食,解决13亿人口的吃饭问题,本身就是一个大问题。再者,粮食生产不同于工业产品,人力、技术方面很重要,但不能起主要作用,反而是受自然灾害的影响很大,主要表现在丰年有余、歉年不足,一旦发生粮食危机,在中国绝对是一个天大的问题。预计到2010年,我国人口将达到13.45亿,届时,我国粮食年需求量至少为5亿吨,而目前我国粮食生产能力仅为4.7亿吨。从长期看,巨量人口的粮食安全问题、农业资源紧张的约束问题都对我国形成严峻考验。

中国是人口最多的国家,其人口约为世界人口的1/4。长期以来,人口多增长快一直是困扰中国人的一大社会问题,制约着中国经济的发展、文化的繁荣、生活的改善及社会的进步。新中国成立后,由于人口问题的失策,使人口增长速度过快。新中国成立初期,中国有近5.48亿人口,到1974年总人口超过9亿。实行计划生育政策以来,生育率大大下降,少生3亿多人,然而每年仍净增1 400万～1 500万人。现在,人口质量、老龄化、性别比偏高以及流动人口和剩余劳力等问题也摆在我们面前,中国人口问题面临新的挑战。

2. 人口老龄化问题 人口老龄化有两个方面的含义:①指老年人口相对增多,在总人口中

笔记栏

所占比例不断上升的过程；②指社会人口结构呈现老年状态，进入老龄化社会。国际上通常的看法是，当一个国家或地区60岁以上老年人口占人口总数的10%，或65岁以上老年人口占人口总数的7%，即意味着这个国家或地区处于老龄化社会。老龄问题包括老年人问题与老龄化问题，老年人问题与老龄化问题相联系，但又不完全相同，一般把有关老年人的社会保障和权益保护看做"老年人问题"，把有关老年人增加对社会经济发展的影响称为"老龄化问题"，这是从人类社会经济发展的范畴来认识老龄问题。

当前，全球范围的人口老龄化汹涌而至，"银色浪潮"滚滚而来。许多国家的老年人口达到或超过人口总数的10%，进入了人口老龄化社会行列。有关统计资料显示：2005年，全世界60岁以上老年人口总数已达到6.73亿，预计2050年将增至20亿。继19世纪中叶法国最早进入人口老龄化国家之后，瑞典和挪威于1890年相继进入。目前，全球进入人口老龄化的国家和地区已达到72个，其中欧洲41个，拉丁美洲和加勒比地区14个，亚洲12个，北美洲两个，大洋洲两个，非洲一个。世界人口的平均预期寿命为66岁（男性64岁，女性68岁），其中北美洲最高，为77岁（男性74岁，女性79岁）；非洲最低，为52岁（男性51岁，女性54岁）。在72个人口老龄化国家和地区中，人口平均预期寿命最高的国家是日本，达到81岁（男性77岁，女性84岁）。全球80岁以上高龄老人占世界老年人口总数的11%。高龄老人中，女性占65%，其中80～89岁组为1∶1.81，90～99岁组为1∶2.87，100岁以上组为1∶3.86。高龄老人人数最多的国家是中国（约1 050万），其次是美国（860万）、印度（570万）、日本（430万）、德国（310万）、俄罗斯（300万）。目前，世界百岁老人约有14.5万，预测到2050年将达到220万。人口老龄化的迅速发展，引起了联合国及世界各国政府的重视和关注。20世纪80年代以来，联合国曾两次召开老龄化问题世界大会，并将老龄化问题列入历届联合国大会的重要议题，先后通过了《老龄问题国际行动计划》、《十·一国际老年人节》、《联合国老年人原则》、《1992至2001年解决人口老龄化问题全球目标》、《世界老龄问题宣言》、《1999国际老年人年》等一系列重要决议和文件，提醒各会员国"铭记着21世纪的社会老龄化是人类历史上前所未有的，对任何社会都是一项重大的挑战"，吁请各会员国"加强或设立老龄化问题国家级协调机构"，"在国家、区域和地方各级制定综合战略，把老龄问题纳入国家的发展计划中"，"为老龄化社会的来临做好各项准备工作"，提出了"建立不分年龄，人人共享的社会"的口号，以期增强人们对人口老龄化问题和老年人问题的重视。

就中国而言，如果说20世纪80年代以前谈论中国的人口问题，主要还是在说"人多"。而近年来，"人口老龄化"问题则成为人们关注的焦点之一。2006年2月23日发布的《中国人口老龄化发展趋势预测研究报告》指出，21世纪是人口老龄化的时代。中国已于1999年进入老龄社会，是较早进入老龄社会的发展中国家之一。中国是人口大国，也是世界上老年人口最多的国家。中国的人口老龄化不仅是中国自身的问题，而且关系到全球人口老龄化的进程，备受世界关注。《报告》认为，21世纪的中国将是一个不可逆转的老龄社会。从2001到将来的2100年，中国的人口老龄化可以分为三个阶段：第一阶段，2001～2020年是快速老龄化阶段。这一阶段，中国将平均每年新增596万老年人口，年均增长速度达到3.28%，到2020年，老年人口将达到2.48亿，老龄化水平将达到17.17%，其中，80岁及以上老年人口将达到3 067万人，占老年人口的12.37%。第二阶段，2021～2050年是加速老龄化阶段。伴随着20世纪60～70年代中期第二次生育高峰人群进入老年，中国老年人口数量开始加速增长，平均每年增加620万人。到2023年，老年人口数量将增加到2.7亿，与0～14岁少儿人口数量相等。到2050年，老年人口总量将超过4亿，老龄化水平推进到30%以上，其中，80岁及以上老年人口将达到9 448万，占老年人口的21.78%。第三阶段，2051～2100年是稳定的重度老龄化阶段。2051年，中国老年人口规模将达到峰值4.37亿，约为少儿人口数量的2倍。这一阶段，老年人口规模将稳定在3亿到4亿，老龄化水平基本稳定在31%左右，80岁及以上高龄老人占老年总人口的比重将保持在25%～30%，进入一个高度老龄化的平台期（图6-1）。

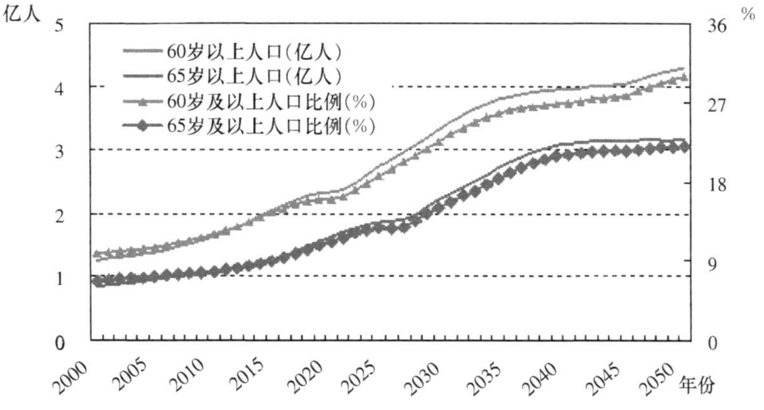

图 6-1　未来我国人口老龄化预测

综观中国人口老龄化趋势,可以概括为四点主要结论:①人口老龄化将伴随 21 世纪始终;②2030~2050 年是中国人口老龄化最严峻的时期;③重度人口老龄化和高龄化将日益突出;④中国将面临人口老龄化和人口总量过多的双重压力。

从总体上看,中国人口老龄化呈现出以下五个特征:①人数多。据 2005 年统计,中国 60 岁以上的人口已是 1.44 亿,占全国人口的 11%,占世界老年人总数的 1/5。是目前世界上老年人口惟一超过 1 亿的国家。②进展快。中国人口年龄结构从成年型进入老年型仅用了 18 年左右的时间,与发达国家相比,速度十分惊人。法国完成这一过程用了 115 年,瑞典用了 85 年,美国用了 60 年,英国用了 45 年,最短的日本也用了 25 年。③经济压力大。中国刚刚达到了小康,属于刚刚迈过最低收入门槛的中等收入国家。人均国内生产总值比西方国家低很多,因而用于这方面的财力是有限的。许多国家是先富后老,我们却是先老后富,老龄化超前于现代化。④区域分布不均。在东部经济发达地区和大中城市,人口已经进入老龄化阶段,如上海市老年人口 2000 年已达 238 万,占总人口的 18.5%,到 2025 年将达到最高峰 468.8 万,占总人口的 32.7%;北京 2000 年老年人口为 188 万,占总人口的 14.6%,到 2025 年将会猛增到 416 万,老年人口的比例接近 30%,大大超过现在发达国家人口老龄化的程度。而在中西部地区,人口老龄化的程度低于东部。另外,人口老龄化的趋势,就静态而言,由于农村婴儿出生率高于城市,因此老龄化程度城市高于农村;但就动态而言,随着现代化,城市化进程的加快,农村的年轻人越来越多地从乡下涌到城市,农村老人经常无人照护,因此城乡老龄化的程度正在接近。⑤高龄化趋势明显。人口学中认定,60~69 岁为低龄老年人口,70~79 岁为中龄老年人口,80 岁以上为高龄老年人口。过去说“人活七十古来稀”,现在说“活到七十不稀奇”。中国高龄老年人口以每年 5.4%的速度增长,高龄人口已从 1990 年的 800 万增长到 2000 年的 1 100 万,到 2020 年将达到 2 780 万。高龄人口丧偶和患病的几率高,高龄女性多于男性。2006 年,全国女性平均预期寿命 74.1 岁。高龄老人生活自理能力差,他们不仅需要经济上的供养,而且需要生活上的照料。因此,人口老龄化必将带来一系列的社会问题,如老年人的社会保障问题、给社会带来的经济负担问题等,对经济和社会的发展提出新的挑战。

3. 人口政策问题　著名学者马寅初 20 世纪 50 年代末期发表了《新人口论》,全面阐述了当时中国面临的人口问题。他尖锐地指出,中国人口问题的实质就是人口相对过剩,是“人口压迫生产力”。1978 年党的十一届三中全会以后,邓小平同志在总结新中国成立以来社会主义建设经验教训的基础上,提出必须将人口问题放到国民经济与社会发展的全局中考察和处理。1982 年 9 月,党的十二大确定“实行计划生育,是我国的一项基本国策”。同年 12 月全国人大通过的《中华人民共和国宪法》明确规定:“国家推行计划生育,使人口的增长同经济和社会发展计划相适应。”确立了计划生育的战略地位。2002 年 9 月 1 日,又实施了《中华人民共和国人口与计划生育法》。尽管计划生育政策的实施遇到了种种阻力,但其已取得的成就却可以称为世界人口发展史上的一大奇迹。计

笔记栏

划生育政策不但有效地控制了人口增长的势头，而且促进了生育观念的转变，促进了妇女地位的提高，最终推动了社会的发展。经过30多年的努力，我国有效控制了人口的过快增长，少生3亿多人，拆除了“人口爆炸”的引信，实现了人口再生产类型由“高出生率、低死亡率、高增长率”向“低出生率、低死亡率、低增长率”的历史性转变。人口总和生育率从20世纪70年代初的5.8下降到目前的1.8左右。世界60亿人口日和中国13亿人口日也因此各推迟了4年，为世界人口的稳定和发展做出了积极的贡献。据联合国估计，2040年左右，中国将把“第一人口大国”的包袱甩掉(表6-3)。

表6-3　世界上人口最多的10个国家

2005年			2050年		
位次	国家	人口数/百万	位次	国家	人口数/百万
1	中国	1 304	1	印度	1 628
2	印度	1 104	2	中国	1 437
3	美国	296	3	美国	420
4	印度尼西亚	222	4	印度尼西亚	308
5	巴西	184	5	巴基斯坦	295
6	巴基斯坦	162	6	巴西	260
7	孟加拉国	144	7	尼日利亚	258
8	俄罗斯	143	8	孟加拉国	231
9	尼日利亚	132	9	刚果民主共和国	183
10	日本	128	10	埃塞俄比亚	170

数据来源：美国人口咨询局，2005年世界人口数据表

随着人口低生育水平面临反弹风险、人口加速老龄化、人口素质、适龄劳动人口就业、农村劳动力转移以及出生人口性别比偏高等新问题的出现，人口问题又一次成为全社会高度关注的焦点。以胡锦涛同志为总书记的党中央，提出了以人为本、全面协调可持续的科学发展观和构建社会主义和谐社会的战略思想，为观察和解决人口问题提供了新的视角和思路。解决新时期的人口问题，必须继承和创新具有中国特色的人口理论，与时俱进，确立新的人口观。我国政府采取措施积极应对人口问题新态势。2006年12月17日，党中央、国务院做出了《关于全面加强人口和计划生育工作统筹解决人口问题的决定》，于2007年1月22日正式公布。这是指导新时期人口和计划生育工作的纲领性文件，标志着我国人口和计划生育工作进入了稳定低生育水平、统筹解决人口问题、促进人的全面发展的新阶段。

笔记栏

所谓统筹解决人口问题，简单说来就是不仅要考虑人口数量和增长问题，还必须考虑人口的素质、结构和分布等问题，需要把人口问题的各个方面放在经济社会发展的大局中加以统筹考虑和解决。根据《决定》，我国“十一五”时期人口控制的目标是：“十一五”期末，全国人口总量(不含香港、澳门特别行政区和台湾省)控制在13.6亿人以内；到2020年，人口总量控制在14.5亿人左右，总和生育率稳定在更替水平以下。国家人口与计划生育委员会提出的基本目标是到2010年把全国人口总数控制在14亿以内。人口问题的关键就在于人口与经济社会的协调发展，统筹解决人口问题的关键在于全面落实科学发展观，通过实施优先投资于人的全面发展的战略，不断提高人口素质，改善人口结构，引导人口合理分布，实现我国从人口大国向人力资源强国的历史性转变。

(二) 生态环境问题

环境问题是人类赖以生存和发展的地理环境，由于自然或人为的原因，出现了影响人类生活和生产，甚至影响人类生存的种种问题。也就是说，由于自然或人类活动所导致的环境中出现了不利于人类生存和发展的各种现象或问题。环境问题可分为两类，即第一类环境问题和第二类环境问题。自然原因形成的环境问题如“火山爆发、山崩、地震、泥石流、海啸、台风、寒潮、旱涝、沙尘暴、地方病”等，是第一类环境问题。而“由于人类活动作用于人们周围的环境所引起的环境质量变化，以及这种变化反过来对人类的生产、生活和健康所产生的有害影响的现象”则是第二类环境问题。也就是说，这类环境问题是由人类的生产生活所造成的环境污染和生态破坏问题。这类环境问题主要表现为“滥采、滥用自然资源，造成水土流失、地面沉降、重金属污染、任意排放有害物质、城市环境问题、生态破坏问题”等。

生态环境问题日益成为一个重大的社会问题，环境危机的严重性迫切需要我们给予高度的重视。新中国的环境保护问题以1972年派代表团参加斯德哥尔摩联合国人类环境大会为起点，1990年，中国政府正式

公布《中华人民共和国环境保护法》，使环境保护走上法制化的道路。当前环境的污染和破坏已发展到威胁人类生存和发展的世界性的重大社会问题，人类所面临的新的全球性和广域性环境问题主要有三类：①全球性广域性的环境污染；②大面积的生态破坏；③突发性的严重污染事件。具体表现：①土地沙漠化，全球每分钟约有10公顷土地被沙漠吞噬；②森林锐减，平均每分钟约有20公顷森林从地球上消失；③水资源危机；④物种减少，到21世纪末，全球现有物种的1/10将可能灭绝；⑤酸雨污染；⑥二氧化碳的“温室效应”；⑦臭氧层遭到破坏；⑧土壤流失，将使水库的寿命缩短，洪水危害加剧；⑨有毒化学品污染；⑩垃圾成灾等。

生态环境问题导致的社会后果相当严重并且难以估计。世界银行在一份关于中国环境问题的报告中指出：在中国的主要城市中，估计每年有178万人由于大气污染的危害而过早死亡；生活及取暖用煤等燃料燃烧每年约造成11.1万人早死；每年由于大气污染致病而造成的工作日损失达740万人次。我国的山城重庆市，曾以“浓纱薄霭，山若行，江似镜”的美景而骄傲。然而秋日的一天下午，重庆漫天黑雾，市民们浸染在一片灰暗之中，由于工厂烟囱排放的有毒废气在恶劣的气候条件下消散不开，造成40万人中毒，97人住院治疗，这就是近年发生的令人震惊的“重庆烟雾中毒事件”。据调查在重庆市民中，患呼吸道疾病的比例正在逐年上升，其中市区的肺癌发病率居全国之首。另据报道：我国一些主要城市大气污染物浓度远远超过国际标准，在世界主要城市中名列前茅，位于世界污染最为严重的城市之列。

联合国2005年3月公布的一份研究报告称，过去50年间世界人口的持续增长和经济活动的不断扩展对地球生态系统造成了巨大压力。人类活动已给地球上60%的草地、森林、农耕地、河流和湖泊带来了消极影响。近几十年来，地球上1/5的珊瑚和1/3的红树林遭到破坏，动物和植物多样性迅速降低，1/3的物种濒临灭绝。雷切尔·卡森的《寂静的春天》一书，描绘了一个缺少鸟语虫鸣的世界，然而，这个寂静的世界带给人们的却不是享受，而是寂静的恐怖！如果地球上只有人类，世界将会怎样？哈佛大学教授威尔曾这样讲：我们应该明白，虽然没有了熊猫和老虎，人们还是可以生存下去，但却很少有人愿意生活在一个连这样的动物都不复存在的世界里。

联合国教科文组织在公报中说，3月22日是“世界水日”，教科文组织希望借此提醒全世界的人们，全球还有20%的人至今没有享受到洁净的饮用水，40%的人由于缺水得不到最基本的卫生保障。该组织在公报中说，专家预测，由于气候变暖等因素的影响，在25年之内，全球将有2/3的人面临严峻的水供应危机，其中尤以北非、中东地区最为严重。

前几年，俄罗斯著名国际象棋大师尼古拉·克德可夫与一台计算机对弈，连胜三局后，不料突然被计算机释放的强大电流击倒。经调查证实，这并不是计算机硬件漏电，也不是软件设计了杀人程序，致死原因是无形的电磁波。有报道称，每天在计算机前操作6个小时以上的工作人员，易患一种名为“VOT(电视显示装置)综合征”的病。该病是长期观看视频终端而使身体某些部位发生病变的总称。它的主要症状：视力功能障碍；颈、肩、腕功能障碍；自主神经功能紊乱等；此外还能引起月经不调、流产等妇女病证和其他皮肤病。究其原因，也是电磁波辐射造成的。手机和对讲机也是一个高频电磁波污染的发射源，每通话一次就发射了一次电磁波。科学家认为，移动电话的电磁波辐射强度一般超过规定标准的4~6倍，个别类型甚至超过近百倍。如反复使用，人们的健康自然会深受影响，以致不少使用者出现头晕、失眠、乏力的“电磁波过敏症”。

城市热岛

城市是人口高度密集、经济高度发展、能量消耗最多、地表面变化最大、空气污染最重的特殊地区。这些因素的共同影响，使城市形成一种特殊的气候。与郊区的气候比较，城区大气中的污染物比郊区多，其中微粒多10倍，气体混合物多5~25倍；太阳辐射量比郊区少，其中水平面上太阳总辐射少0~20%，且质量变差，其中紫外线在冬季少30%，日照时间也少大约5%~15%；气温升高，年平均气温高0.5~3.0℃；风速变小，年平均风速减小20%~30%；湿度变低，年平均相对湿度低6%；雾增多，冬季多100%等。

接链

笔记栏

那么为什么城市比郊区气温高呢？城市人工地表面能获得较多的太阳辐射能，并能储存较多的热量，而且城市中有大量的人为热进入大气，再加上城市建筑密度大，通风不良，不利于热量向外扩散等原因，使城市上空经常维持一个气温高于四周郊区的暖空气团在城郊等温线图上，城区出现等温线闭合的高温中心，犹如海上的岛屿，因而得名“城市热岛”。

地球上危及生命的污染物

二氧化碳：大气中含量过多，会产生“温室效应”，导致全球气温显著生高，从而使两极冰雪融化，淹没近海土地和岛屿，使人类受害。

化学农药：过量或使用不当，会使鸟类和鱼类中毒，使生态平衡遭到破坏，并通过食物链祸及人类。

石油：流入海洋形成油膜，会使海洋失去调节作用；同时，危及海洋生物的生存，进而危及人类。

链接

（三）教育问题

教育是人们获取知识的重要途径。正如世界银行的发展报告所说：“教育通过增进人们获取和运用信息的能力，深化人们对自身与世界的了解；通过增加人们的经验，丰富他们的内心，并且优化他们作为消费者、生产者和公民所做出的各种选择。教育可以提高人们的生产力，从而使人们更好地实现其自身及其家庭的各种欲望，并且增强其提高生活质量的可能。教育还可以增强人们的信心和革新创造能力，从而增强取得个人与社会成就的机会。”一般来说，教育的主要社会功能包括社会化、文化传承、筛选和分类、创新和社会控制。教育是国家发展的基石，教育水平的高低直接影响一个国家的综合国力，关系到一个民族在世界上的地位。正如2007年“两会”期间教育部部长周济所说：“教育是具有基础性、全局性、先导性的事业。它关系到亿万学子、关系到千家万户，关系到祖国的前途、民族的未来。”目前，我国的教育问题主要表现如下：

1. 教育经费不足 是影响中国教育发展的基本问题。教育投入是衡量政府对教育重视程度的重要指标，也是扩大教育机会的保证，我国教育投入受经济发展等因素的影响而长期不足，联合国教科文组织1997年的统计资料表明，1995年世界平均公共教育经费占国民生产总值的4.9%，其中发达国家的比例为5.1%，转型国家、发展中国家为5.2%，欠发达地区为4.1%，最不发达国家为2.5%，而中国仅为2.3%。1993年颁布的《中国教育改革和发展纲要》中明确规定，逐步提高国家财政性教育经费支出占国民生产总值的比例，到20世纪末达到4%，但直到现在，这个目标还没有实现。有数据显示，1985年世界各国教育投入占GDP比重的平均水平是5.2%，发达国家平均水平是5.5%，发展中国家平均水平是4.5%，不发达国家平均水平是5.5%，当年我国财政性教育投入只有2.3%，而2004年我国财政性教育经费占国内生产总值的比例才4%。我国现在的教育投入仍低于20年前的世界平均水平。2003年我国政府教育投入总量为6 208.27亿元，比2002年增长了13.29%，但预算内教育经费占财政支出比例和国家财政性教育经费占GDP的比例均有不同程度的下降，分别比上年下降了0.08%和0.04%，其中17个省、自治区、直辖市没有达到《教育法》规定的教育投入增长要求。这个下降的0.04%为我们敲响了警钟：要优先发展教育，首先应当将教育经费极大提高。因此，解决教育经费问题成为当务之急。2005年“两会”《政府工作报告》中写道：“从今年起，免除国家扶贫开发工作重点县农村义务教育阶段贫困家庭学生的书本费、杂费，并补助寄宿学生生活费；到2007年，在全国农村普遍实行这一政策，使贫困家庭的孩子都能上学，完成义务教育。”2006年7~11月，温家宝总理先后主持召开了四次教育工作会议，他在会上强调要把教育摆在优先发展的战略地位，千方百计地增加教育投入，努力实现财政性教育经费占国民生产总值GDP的4%这个目标。在2007年的“两会”上，温家宝说，2007年要在全国农村全部免除义务教育阶段的学杂费，使农村1.5亿中小学生家庭普遍减轻经济负担；继续对农村贫困家庭学生免费提供教科书并补助寄宿生生活费。要完善农村义务教育经费保障机制，不断提高保障水平。2007年全国财政安排农村义务教育经费2 235亿元，比去

笔记栏

年增加395亿元。这是党中央、国务院的重大战略决策，是中国教育发展史的重要里程碑，对于提高全民族的素质将会产生重大而深远的影响。

2. 家庭教育负担加重 在由计划经济向市场经济转轨的情况下，在中央和各级地方政府财政投入不足的情况下，学费成为学校收入的重要部分，教育费用因而成为家庭的一大负担。2006年由零点调查和指标数据共同发布的《2005年中国居民生活质量指数研究报告》显示：教育花费成为城乡居民致贫的首要原因，而"缺乏知识和技能"是城乡居民对挣不到钱的一致归因之一。这里的"贫困"者相对贫困，即被调查者自认家庭生活水平在本地处于贫困水平。调查显示，教育花费成为城乡居民致贫的首要原因。城市、小城镇、农村的贫困人群中均有40%～50%的人提到家里穷是因为"家里有孩子要读书"，特别是农村家庭，教育花费是他们的头号家庭开支。调查还发现，在2004年10月至2005年10月，在拥有就学阶段孩子的农村家庭中，子女教育花费占家庭收入的比重达到了32.6%；城市和小城镇家庭中，子女教育花费占家庭收入的比重也分别达到了25.9%和23.3%。中国社会科学院日前发布的《2006年中国文化产业发展报告》蓝皮书得出了这样的结论：2005年，城市居民文化消费中占最大比例的仍是教育，子女教育开支在家庭收入中所占的比重越来越大，已经影响到家庭正常的花销计划——2005年8月普通小学学杂费同比上涨了55.2%，比年初上涨了12.5%；普通初级中学学杂费同比上涨了47.9%，比年初上涨了9.0%。家长对子女的教育投入除了在校教育的支出以外，还有补习班、兴趣班、家教等课外教育支出，并且在不同的教育阶段各有侧重，随着子女的成长，教育投入也越多。"少年留学生"成为高薪家庭的教育消费趋势。报告指出，当前高昂的学费已经致使城市居民的文化消费向教育方面倾斜。人们不得不加大储蓄，同时刻意削减其他开支，从而维持教育花费。

对于大学消费来讲，统计数据显示，2004年，我国城镇居民年平均纯收入9 422元、农民年平均纯收入2 936元。平均每个大学生每年费用约1万元，4年花费4万元左右。据此，一个城镇居民4.2年纯收入、一个农民13.6年纯收入全部拿出来，不吃、不喝、不病、不老，才仅仅能供养一个大学生。一般的家庭中，大学生的花费就占了整个家庭收入的80%。自己的孩子考上了大学本是一件好事，但却成了不少家长心里的痛。有的家长这样讲：考上大学本来是一件光宗耀祖的事情，现在反而是我们穷人最害怕的事了。

总体来说，贫困的根源还是在于"教育"，因为教育花费高，所以上不起学；因为上不起学，所以没有知识，没有技能，所以挣不到钱。因此，"教育公平"是缩小贫富差距的首要前提。要让城乡居民摆脱教育困境，既能接受教育，获得必要的知识和技能，国家应充分发挥提供公共产品职能的职责和义务，降低教育收费，实现教育公平。因为，受教育是宪法赋予公民的基本权利，公民享有基本权利不应以贫困为代价。只有当教育真正成一种社会公共资源并为公众不分贫富、不论身份区别而被公平享用时，社会弱势群体才能通过教育这个途径向社会上层流动，从而实现公共教育自身所应具备的社会公正功能。否则，教育花费成城乡居民致贫首因，对构建和谐社会来说将肯定是一种危险。

为了改善这一局面，中央在积极寻求解决办法。2007年3月5日国务院总理温家宝在十届全国人大五次会议上作政府工作报告时说，为了促进教育发展和教育公平，将采取两项重大措施：①从2007年新学年开始，在普通本科高校、高等职业学校和中等职业学校建立健全国家奖学金、助学金制度，为此中央财政支出将由上年18亿元增加到95亿元，明年将安排200亿元，地方财政也要相应增加支出；同时，进一步落实国家助学贷款政策，使困难家庭的学生能够上得起大学、接受职业教育。这是继全部免除农村义务教育阶段学杂费之后，促进教育公平的又一件大事。②在教育部直属师范大学实行师范生免费教育，建立相应的制度。这个具有示范性的举措，就是要进一步形成尊师重教的浓厚氛围，让教育成为全社会最受尊重的事业；就是要培养大批优秀的教师；就是要提倡教育家办学，鼓励更多的优秀青年终身做教育工作者。

笔记栏

3. 教育机会不均等 教育均等体现了

教育的公正。每一个公民都有权获得应有的教育机会。自新中国成立以来，特别是改革开放以来，中央政府为公民提供了更多、更好的教育机会，教育公正得到了一定程度的体现。但不可否认，由于体制、经济、社会环境等各种因素的影响，在地区之间、城乡之间、不同阶层之间、不同性别之间还存在着教育的差异。

就地区差异来说，教育机会很不均等。我国东部地区生产力发展水平较高，教育资源较丰富，教育基础设施完备，师资力量雄厚，教育、教学改革活跃，与发达国家的教育交流频繁；而我国西部地区，由于生产力发展水平较低，教育资源贫乏，教育基础设施落后，师资力量薄弱，在中学升学率、大学升学率上，西部地区明显低于东部地区。为了改变这一差别，党中央制订了“两基”攻坚计划。到2005年底，我国西部地区的两基普及率已经从当年的77%提高到96%。今年年底有望完成西部“两基”攻坚计划。

就城乡差异来说，教育机会也很不均等。教育资源分配不均、经济收入的差别等带来了城乡教育机会的不均等。

案例 6-2

12岁的婷婷在5月份的某一天拿到了北京八一中学的录取通知书。在全家人为她欢欣鼓舞的同时，她远在陕西的表姐却正因为考入了一家非重点初中而闷闷不乐。婷婷不知道怎么去安慰小表姐。她不知道，从此她和小表姐的人生会截然不同。在一个12岁孩子的心里，她不知道“教育改变命运”这个命题。教育资源分配的不平等，使很多孩子输在了起跑线上。

2005年的一项研究表明，随着学历的增加，城乡之间的差距逐渐拉大。目前，小学及以下文化程度的人群在农业人口和非农业人口中所占的比例分别是：51.5%和16.3%；初中文化程度的人群在农业人口和非农业人口所占的比例分别是41.5%和32.4%；高中文化程度的人群在农业人口和非农业人口所占的比例分别是6%和21%；中专文化程度的人群在农业人口和非农业人口所占的比例分别是0.8%和13.2%；大专文化程度的人群在农业人口和非农业人口所占的比例分别是0.2%和11.1%；本科文化程度的人群在农业人口和非农业人口所占的比例分别是0.02%和5.63%；研究生文化程度的人群在农业人口和非农业人口所占的比例分别是0.001%和0.323%。在城市，高中、中专、大专、本科、研究生学历人口的比例分别是农村的3.5、16.5、55.5、281.55、323倍(表6-4)。

表 6-4　城乡之间学历之差统计

	小学及以下	初中	高中	中专	大专	本科
占农业人口	51.5%	41.5%	6%	0.8%	0.2%	0.02%
占非农业人口	16.3%	32.4%	21%	13.2%	11.1%	5.63%

另外，农民工子女上学的问题也得到政府的极大关注。随着农民工大规模地向城市流动，农民工子女的上学问题成为我国的一大现实问题。现在的基本情况是：有一部分孩子跟着他们的父母到了城市，在城市上学，有一部分留在家里，在农村上学。农民工子女上学很困难，去城里上学，入学难，费用高；在老家上学父母不在身边，孩子的生活和家庭教养都是大问题。农民工的进城子女和留守儿童，从政策上来说，对符合规定进了城的农民工子女，实行“两个为主”：流入地政府为主，由公办全市中小学为主，接受农民工子女的上学问题。这是解决我国教育问题的又一重大举措。

就阶层差异来说，贫困人群受教育的机会非常有限。在农村，经常发生因贫困而导致儿童入学率低、学生中途辍学、普及义务教育困难；在城市，贫困家庭的子女受教育的机会也明显降低，家庭对子女的教育投入很有限，贫困家庭往往因病致贫、因贫致病，这就限制了子女接受应有的教育及进一步深造，因此就不能取得较高的学历，无法谋得理想的职业、获取较高的报酬，仍然在社会较低的阶层徘徊。

就性别差异来说，女性受教育的权利受到较大的限制，这种现象在农村尤其严重。李培林根据中国社会科学院社会学研究所于2006年3~7月在覆盖全国28个省市区的“社会和谐稳定问题全国抽样调查”的结果，描述了目前中国女性在教育方面存在的劣势：①目前女性平均受教育程度仍低于男性，男性中未受过正式教育的比例占16.32%，而女性则占

笔记栏

32.2%。②城乡妇女受教育情况差异显著，农业户口女性居民中未受过正式教育的占43.9%，非农业户口女性居民为9.98%。③地区差别显著。西部、中部女性居民中未受过正式教育的比例分别为40.21%和34.28%；东部地区女性为26.12%。调查还显示出就业中的性别差异：女性无业人口比例高于男性；就业者中人均月收入男性高于女性。此外，男女两性在享受社会福利如养老保险和医疗卫生保障方面也有明显差距。

李培林认为，必须不断改善女性的受教育状况，特别要提高农村女性的受教育水平，改善女性的就业状况和工作条件，不断提高女性的社会保障水平和权利意识，这是社会进步重要保证，也是一个社会文明程度的标志。

六、解决社会问题的一般途径

社会问题的起源是全社会性的，其造成的影响也是全社会性的，所以，社会问题的解决也需要全社会共同参与，齐抓共管，实行综合治理。

1. 聚精会神搞建设，一心一意谋发展 社会问题的产生与经济因素和其他社会因素的相互关系不协调有关，因此，大力发展社会生产力，并使生产关系及其他社会关系与生产力的发展水平相适应，是解决社会问题的重要途径。生产力水平的提高是保证国民经济发展的先决条件，也使综合国力的提高有了物质保证，使许多社会问题的解决有了物质基础。如教育问题，由于经济得到了发展，国家、地方各级政府对教育的投入就有可能加大，教育质量就可以得到提高，教育机会就可以扩大，地区之间、城乡之间、性别之间、阶层之间的教育差异就可以逐步缩小，从而尽快提高全民族的素质，提高中华民族在世界民族之林的地位。

2. 不断完善现有的政治、经济体制 我国现阶段的许多社会问题都与体制有关，邓小平曾指出："肃清封建主义残余影响，重点是切实改革并完善党和国家的制度，从制度上保证党和国家政治生活的民主化、经济管理的民主化、整个社会生活的民主化，促进现代化事业的发展"。只有不断完善现有的经济、政治体制，才能有效地缓解或解决各种社会问题，如逐步完善社会主义法制，对许多社会问题的解决，依靠法律、法规的力量，真正做到有法可依、执法必严、违法必究，促使各种社会问题逐步得到缓解和解决。

3. 逐步建立适应社会主义市场经济建设的价值观 通过社会各方面的积极努力(如利用社会控制)，加强管理、加强引导，使人们在社会转型时期逐步认可社会主义市场经济建设的价值观，以指导人们的社会实践，有利于社会问题的解决，而不是让现有的社会问题无限扩大。

第2节 社会控制

社会学的社会秩序指社会正常而有规律的协调状态。社会秩序是保证社会正常运转，人们正常工作、劳动、学习所必需的。只有充分发挥社会规范的作用，不断强化社会管理和社会控制，才能把人们的行为纳入社会规范的轨道，维护社会正常秩序的稳定。社会控制能缓解社会矛盾，是社会步入良性循环、协调发展的保证。

一、社会控制的含义

(一) 社会控制的基本含义与社会秩序密切相关

建立与维持正常的社会秩序需要社会控制，广义的社会控制指通过社会生活结构化及人们行为的标准化而达到社会秩序化的组织管理，狭义的社会控制指对越轨行为的控制和惩罚。

"社会控制"的概念最早是由美国社会学家罗斯(Ross)提出来的。1901年，他把有关的论文汇编出版，取名为《社会控制》。罗斯认为，在人的天性中存在着一种"自然秩序"，它包括同情心、互助性和正义感三部分，而随着社会的发展，由于各种因素的影响，出现了许多社会问题，在这种社会背景下，罗斯认为必须要有一种新的机制来维持社会秩序，这种新机制就是社会控制，即依靠社会力量，以一定的方式对社会生活各方面按照社会公认的社会规范进行调整和引导，以保持社会稳定和协调发展。

笔记栏

(二) 社会控制的特点

1. 普遍性 社会控制是普遍存在的社会现象,不同的社会、不同的地区、不同的民族、不同的历史时期,只要社会存在,社会控制就必不可少,一个没有社会控制的社会是无法长期存在的,只有依靠健全、合理的社会控制方式,才能确保社会的良性循环、协调发展。当然,由于不同的社会生产力发展水平有很大的差异,社会形态也千差万别,因此,社会控制的方法、目的等也各不相同。

2. 超个人性 社会控制是凌驾于社会成员之上的社会力量,社会控制总是以某种社会名义,代表某个社会组织实行的控制。社会控制的超个人性也是它集中性的一种表现形式。社会控制的集中性指它总是代表社会组织的利益和意志,不管其具有什么具体内容和采取什么具体手段,都是服务于社会组织的总体利益和最高意志。

3. 强制性 社会控制的强制性一般是通过社会规范的强制性表现出来的,社会规范包括法律、纪律、制度、宗教、道德、舆论、风俗习惯等,其中法律规范最具强制性。不论社会控制的形式如何,都带有强制性,只是强制的程度有所不同而已,如法律制度等强制的程度较强,而舆论、风俗、道德等强制的程度相对较弱些,社会控制的强制性,还体现在它对社会的协调发展起到积极和重要的作用。

4. 互动性 社会控制必须通过社会行为之间的互动、影响而起作用,所谓互动性,是社会成员之间的相互影响、相互监督。社会行为互动有直接和间接两种形式,直接互动是通过人们面对面的接触形成的,间接互动是通过大众传播媒介进行的。因此,大众传播媒介也是影响社会成员行为的重要因素。大众传播媒介在不断地对社会全体成员产生潜移默化的影响,尤其是对青少年的影响;大众传播媒介对良好社会风气的形成也有着不可低估的作用。因此,大众传播媒介正确的导向性对社会成员显得尤为重要。

二、舆论控制的含义、特点及心理控制的形式

(一) 含义

笔记栏

舆论控制是社会控制中的一种重要控制方式,是利用社会舆论的力量形成巨大的社会威慑力,从而调节和管理社会政治、经济、法律、文化、道德等社会生活的过程。社会舆论是公众的意见,是社会生活的及时反应,从社会舆论中可以发现时代的呼声。社会舆论根据其形成和作用的范围可以分为国际舆论、国内舆论、地方舆论、集团或群体舆论等。

(二) 特点

1. 大众性及实效性 社会舆论又称公意、公论,它是社会上众人的议论和意见,而不是少数人的议论;社会舆论的观点得到社会上大多数人的赞同,与整个社会的价值取向密切相关。大众传播通过广播、电视、报纸、广告等媒介向社会成员传播各种社会信息,其传播速度快、范围广,见效也快,对社会稳定、社会控制起到了很好的作用。舆论控制的大众性主要指舆论控制的对象是社会全体成员,他的受众面很广,任何一个普通公民都可以各种方式接受到舆论控制的信息;实效性主要指在时间、效能上,舆论控制有着其突出的优势,它可以在第一时间将信息传播给大众。

2. 现实性及局限性 社会舆论一般是针对社会上某些现实问题而言。某些社会现实问题影响到社会大多数成员的利益,引发人们议论,逐渐形成社会舆论,形成一定的社会环境,对社会起到一定的控制作用。当然,社会舆论是属于道德约束范畴,不具明显的强制性,对社会成员的约束也有一定的局限性。

(三) 心理控制的形式

社会控制的形式多种多样,有外部控制,即通过各种正式和非正式的社会强制力使人们遵守社会规范的外部控制,如法律控制、群众互动、礼仪、声望、传言、时尚、禁忌、风俗习惯、道德、时髦、理想、信念、信仰、艺术、迷信、舆论、社会心理、大众传播等;还有内部控制,即通过社会化和再社会化的过程来促使人们自发地遵守社会规范的内部控制,这在现代社会中被看做是最为有效的方法之一。日本社会学家横山宁夫说过:"最有效并持续不断的控制不是强制,而是触发个人内在的自发性的控制。"社会化就是一个不

间断前进的、动态发展的过程。社会化是一个人学习社会文化、掌握各种社会规范，逐步得到社会承认并成为符合社会标准要求的完整的社会人的过程。各种社会规范如果能被社会个体“内在化”，则社会控制效果最佳。在这个过程中，所谓的“内在化”就是人的心理因素构成的内因起作用，其作用方式分为三种，即三种不同的心理控制形式：自主控制、诱导控制、胁迫控制。

1. 自主控制是个人行为与社会规范之间一致情况下的心理控制形式 这时，个人对自身的主观愿望和社会规范有较全面的认识后，不断调整自己的内心认识，使之逐步符合社会规范的要求，使两者趋于统一。这样，个人的内心认识与社会规范的要求相一致，社会成员就能自觉遵守各种社会规范，从而维护社会的安定团结，达到社会控制最理想的境界。对社会来说，所有的社会规范都需要社会成员的共同遵守；对个人来说，自主控制的心理控制形式最有利于自觉遵守社会规范，最大限度地认同社会规范，从而自觉调整自己的言行，做一个合格的社会成员。当然，任何社会要完全达到其社会成员都采取自主控制形式是不现实的，还需要社会、个人两方面的共同努力，逐步达到理想的状态。

2. 诱导控制是个人行为与社会规范之间基本一致又不完全一致情况下的心理控制形式 这是由于，社会个体对各种现存的社会规范还缺乏正确的认识，在国家、集体、个人三者的关系上还不能正确处理，再加上目前我国正处于社会转型时期，由于全球化、工业化、城市化和市场化的影响，我们目前面临着许多诸如人口、环境、教育、失业、贫困、腐败等社会问题。这些社会问题对个人的心理认识也有着很大的影响，个人的认识水平也随着文化水平、个人修养等的不同而不同，这致使社会成员不能完全遵守所有的社会规范，就需要从心理上加以诱导。对大多数社会成员来说，这是一种基本的心理控制形式。诱导控制一般包括情感诱导、说理诱导和示范诱导等多种形式的综合应用。情感诱导即指“动之以情”，是从情感上消除社会成员对社会规范的不理解甚至抵触心理，帮助社会成员克服遵守社会规范的压抑感等心理障碍；说理诱导即指“晓之以理”，是从道理上帮助社会成员逐步理解社会规范的真实内涵，提高社会成员认识问题的水平，使其懂得遵守社会规范对自己、对社会的益处；而示范诱导即指“导之以行”，是通过榜样的力量来激发社会成员的积极向上的健康心理，如在 2003 年抗击传染性非典型肺炎的战役中，广大医护工作者不顾个人安危，战斗在第一线，许多人为此付出了自己宝贵的生命，这些榜样的力量激励着社会成员努力学习和工作，自觉遵守社会规范，为社会做出自己应有的贡献。

3. 胁迫控制是个人行为与社会规范之间完全不一致情况下的心理控制形式 胁迫控制是通过采取一定的社会措施，使社会成员认识到如果不遵守社会规范将会得到一定的惩罚，从而在其心理上形成一种威慑力，使其被迫地遵守社会规范。胁迫控制要根据具体情况具体分析，不能搞一刀切，其效果也因人而异。胁迫控制也是心理控制中不可缺少的一种形式。

我们要充分利用自主控制、诱导控制、胁迫控制三种心理控制形式，根据不同的情况、不同的对象、不同的社会发展阶段，采用不同的心理控制形式，或联合应用，或交替应用，争取取得最佳的社会效果。

舆论的形式

舆论的形式有自上而下和自下而上两种，自上而下的舆论是政府通过大众传播媒介传播的宣传舆论，是有组织、有计划、有领导的舆论，其权威性很强；自下而上的舆论具有一定的自发性，最初是少数成员或群体发起议论，逐渐引起全社会的重视，形成社区性或全国性的舆论。

接链

三、越轨行为和犯罪的社会控制

(一) 定义

越轨行为就是人们偏离了社会正常轨道，超越社会规范的行为。越轨行为包含两层意思：一是违反特定社会的行为规范的行为，是一种受社会规范所排斥的行为；二是越轨行为必然是社会上大多数人所非难、反对和不赞成

笔记栏

的行为，是一种与公认的行为标准相偏离或冲突的行为。通常把越轨行为分为偏常行为、偏常习癖、偏常心理、偏差文化。

犯罪是所有越轨行为中程度最严重的行为，是触犯国家法律，危害社会，应受到法律制裁的行为。犯罪必定破坏社会秩序、降低社会效益和危害社会整体利益，给社会经济、政治、文化带来巨大的损失。

（二）越轨行为和犯罪的原因

社会学关于越轨行为和犯罪的原因有着诸多探讨，各种探讨都有着一定的合理性，能够在一定程度上解释越轨行为和犯罪的产生，现从以下几方面加以分析：

1. 从生理角度分析 生理学理论的解释注重强调遗传因素的重要性，有人试图用人类遗传基因在染色体中的排列模式来解释。意大利犯罪学家隆布罗索（Lombroso）认为：有些人可能是天生犯罪者，他们的体貌特征与原始人相似。显然，这种解释的科学依据不充分。

2. 从心理学角度分析 心理学的解释比较强调父母的角色规范和儿童的经验是造成越轨行为的主要原因 。心理学家认为，人格上的缺陷或心理上的打击会导致越轨行为。

3. 从社会学角度分析 社会学解释的重点是探讨社会环境因素的影响，如文化冲突理论、差别结合理论、失范和副文化理论等。文化冲突理论认为，不同的群体有不同的行为规范和价值观，于是产生了文化冲突，导致越轨行为和犯罪；差别结合理论以“近朱者赤，近墨者黑”的普通常识为基础，认为犯罪也是 一种从众行为，是由一个人或一个群体传递给另一个人或另一个群体的；失范和副文化理论认为，社会因规范丧失制约的力量，出现无规范或无制约力的无序状态，即原有的社会行为规范、文化价值体系处于土崩瓦解的状态。

（三）对犯罪的社会控制主要需要社会的综合治理

1. 建立高效的社会控制模式 即不断完善中国社会高效的治安防范体系，以公安机关为主导力量，建立警民联合、以治安联防为外延的防治体系，严厉打击各种犯罪活动以震慑犯罪分子，努力适应社会主义市场经济的需要，维护社会安定团结。

2. 建立全方位的正面教育 社会的稳定与和谐，需要社会规范内化为大多数社会成员的心理结构和行为方式。我国目前正处于社会主义市场经济的发展时期，社会经济得到很大发展，需要建立规范的社会主体文化，并使之内化为社会全体成员的心理结构和行为方式，把人们的欲求纳入规范文化的控制之下，这样就能抑制犯罪动机的膨胀和外化，维护社会的安定和团结。

3. 加强执政党的建设 建立和健全政府官员和公务人员的行为规范体系和控制体系，加强法制建设和思想道德教育，加强纪检部门和国家司法部门的监督作用和控制作用，对于犯罪行为，尤其是对政府官员和公务人员的越轨行为的预防与控制，具有十分重要的意义，对社会风气的好坏也影响很大。

美国的研究表明早期教育有助于预防青少年犯罪

美国加利福尼亚州（简称加州）的一个研究组织公布的一项最新研究报告表明，提高早期教育质量对预防青少年犯罪有重要作用。从事这项研究的是一个名为“打击犯罪：为加州儿童教育投资”的组织。该组织重点研究青少年犯罪的社会背景及其与儿童教育的关系，成员包括高级警官、地区检察官和犯罪受害者。该组织通过对加州一年来的儿童教育情况进行调查后发现，让那些有不良苗头的孩子接受高质量的早期教育能起到很好的预防犯罪的作用。研究发现，那些有行为障碍的3～4岁儿童如果没有接受良好的早期教育，那么他们长到27岁时沦为罪犯的可能性要比那些接受过良好教育的儿童高得多。这个报告是最近加州和美国其他地区发生一系列校园暴力事件后发表的。这些事件暴露了美国教育体制的弊端，并触发了有关如何加强学校教育的辩论。

接链

小结

在我们目前的社会发展过程中，由于各种因素的影响，出现了许多社会问题，社会问题的解决需要全社会共同参与，齐抓共管，实行综合治理。社会发展要有正常的社会秩序，社会控制研究的就是如何维持正常的社会秩序。社会控制能缓解社会矛盾，是社会步入良性循环、协调发展的保证。我们要理论联系实际，做一个合格的社会成员。

目标检测

一、名词解释

1. 社会问题　　2. 人口老龄化
3. 统筹解决人口问题　　4. 环境问题
5. 社会控制

二、简答题

1. 社会问题的基本特征是什么？
2. 社会问题的形成因素有哪些？
3. 简述新中国成立以来我国经历的人口出生高峰。
4. 21世纪我国的人口老龄化将经历哪几个阶段？
5. 我国的人口老龄化具有哪些特征？
6. 人类正面临着哪些新的全球性和广域性环境问题？
7. 目前我国存在的教育问题主要有哪些？
8. 社会控制的特点有哪些？
9. 心理控制的形式有哪些？

三、论述题

1. 试述如何解决社会问题。
2. 试述如何进行犯罪的社会控制。

笔记栏

第7章 社会学调查研究方法

学习目标

1. 说出社会学调查研究的几种方法
2. 采用一种方法进行一次社会调查
3. 理论联系实际,理解社会调查的意义

社会学调查研究方法也称为社会调查,社会调查是社会学研究的最基本的方法,是社会学研究方法体系中最核心和最有特色的一部分。正如巴甫洛夫所说:“无怪乎人们常说,科学是随着研究法所获得的成就而前进的。研究法每前进一步,我们就更提高一步,随之在我们面前也就开拓了一个充满着种种新鲜事物、更辽阔的远景。因此,我们头等重要的任务乃是制定研究法。”如果没有科学的研究方法,社会学就不能得到持续、有效的发展。所以,学习社会学不但要学习社会学的基本理论,还要学习社会学的研究方法,使我们对社会学这门学科有更加深入的认识和理解。

第1节 社会学研究的程序

为了提高社会学研究的准确性,必须具备一套科学的研究程序,著名学者沃尔特·华莱士(Walter Waliace)曾经提出观察→实证概括→理论→假设这一循环过程。社会学研究程序是按照一定次序排列的行动或步骤,只有按照一定的研究程序,才能正确进行社会学的调查研究,取得符合客观规律的社会调查结果,解决实际问题,从而推动社会学的不断向前发展。一般来说,社会学研究的程序:准备阶段→实施阶段→总结阶段。

一、准备阶段

调查研究的准备阶段包括确立选题、建立研究假设、设计调查表和培训调查员等。准备阶段的工作质量直接关系到整个社会调查报告的质量。在准备阶段,首先要了解国家现有的、与本课题有关的各种政策,掌握进行社会调查所必需的各门学科的知识,尽可能利用最先进的查阅手段,阅读大量的相关文献,了解有关课题的国内和国际先进水平,努力注意吸取前人的经验,避免走太多的弯路。

笔记栏

1. 确立选题 选题是否恰当,是衡量一个研究报告成功与否的重要指标。爱因斯坦曾说过:“提出一个问题往往比解决一个问题更重要。”社会学研究一般包括理论研究和应用研究两种,因此,选题时首先要明确研究课题的类型。选题可以从实际工作中逐步摸索确定,也可以在查阅大量文献资料的过程中确立,还可以在针对一些社会热点问题进行探索时确立,同时,应从社会环境、人力、物力、财力等诸多角度来考虑选题的科学性、可行性、针对性、创新性,以最大限度地满足社会发展的需要。一般的社会调查课题包括国家选题、单位选题、个人选题三种。个人选题往往是根据个人的实践经验,从社会学的一般发展规律和实际需要出发来选题;国家和单位选题一般是国家和单位认为现阶段比较重要,迫切需要解决的理论和实际问题,一般由专家论证提出,这类课题的特点是主攻方向明确、有严格的申报和评审程序、有调查的经费保障。总之,无论是国家的还是个人的选题,都要注意选题的科学性、可行性、针对性和创新性。科学性,即要求选题必须要有科学依据,以现有的社会学基本原理和方法以及其他相关学科的知识,进行严密的逻辑推理,以保证选题和研究方法的正确。可行性,即要考虑主要的技术问题是否已解决,还要考虑研究人员的素质、能力、数量、时间等,明确维持整个社会调查的人力、物力、财力是否有保证。针对性,即指必须明确选题要解决的问题的关键,保证社会调查的结果能解决某些实际存在的问题或指出解决问题的方向,保证社会调查的学术水平、经济效益和社会效益。创新性,即指尽量能选择前人没有解决或没有完全解决的问题进行研究，预期研究成果应有新的理论、方法或技术产生。创新是科学发展的动力，但创新的含义是多方面的，研究方法、手段与基本理论等任何一个微小的突破都可看做是创新，不能苛求任何一个社会调查都有很多的创新。

2. 研究假设 假设是关于事物现象及其规律性的一种不完备的、尚待实践证明的问题。研究者应当根据现有的理论、既往的经验以及他人的研究成果等，设立对本课题的若干假设，假设类型要根据具体研究课题的性质而定。假设要符合逻辑，符合社会客观实际，符合社会学基本理论和方法，符合相关学科的科学知识，不能异想天开、违背事物发生发展的客观规律，否则，将对社会调查的结果产生严重的影响。

3. 设计调查表 综合运用各学科如统计学、流行病学、心理学、社会学等学科的知识，根据具体的调查课题的需要，设计具体的调查表。调查表的设计质量直接关系到研究课题的质量和水平。在调查表的设计过程中，既要有科研人员的主要设计，也要考虑有实际工作经验的人员的意见，这样才能做到理论联系实际，保证社会调查的质量。同时，还要意识到调查表的设计不是一蹴而就的事情，要反复数次修改、斟酌，不断征求各方面的意见。可以在小范围内做些预调查，不断发现问题，对调查表进行反复修改、不断完善，直到最后定稿。另外，设计调查表还要考虑到调查对象的文化水平及理解能力，尽量选用通俗易懂、简单明了的语句，以及规范的提问方式等，保证社会调查的质量。

二、实施阶段

调查研究的实施阶段包括进行实地调查和资料收集。实地调查的方式依据调查内容的不同而不同，如个案调查、抽样调查、普查等；实地调查的具体方法有文献法、观察法、问卷法、实验法等。在实地调查和资料收集过程中，一定要本着尊重科学、相信科学的原则，以严肃认真、一丝不苟的态度，保证资料收集的完整性和准确性，保证社会调查的质量和可信度。在实施阶段，还要充分估计到可能出现的各种问题，用正确的方法及时解决出现的问题，特别是在培训调查员时，一定要统一认识、统一判断标准、统一解释范围，这样能尽量保证实施社会调查的质量，保证社会调查数据的可靠性和科学性。在实施阶段，还要注意各种调查方法的灵活运用，不能生搬硬套别人的方法，要根据调查的需要，采用不同的调查方法；还要根据调查对象、调查条件的不同而采用不同的、切实可行的方法，争取取得较好的调查效果，保证实施阶段的质量。

三、总结阶段

社会调查的总结阶段包括对已收集的资料进行汇总、分析，从中找出科学规律，并在此基础上写出具有科学性和实用性的调查报告，指导我们的实际工作，促进社会向前发展。调查报告的基本结构应当包含：①简述研究背景、目的和意义；②简述研究对象及方法；③客观描述并分析研究结果；④根据研究结果进行讨论并得出科学结论，在此结论基础上提出具有针对性的建议，有效地指导实际工作。总结阶段要注意科学性和及时性，还要注意具体问题具体分析，使社会调查充分发挥其应有的作用，同时，还要做到透过现象看本质，通过对社会调查结果的总结和分析，探索事物发生发展的一般规律，指导实际工作的开展，取得良好的社会效益。

第2节 社会调查的理论和具体方法

社会调查是人们有意识、有目的地对社会现象进行直接的考察和了解，从而分析、认识社会现象及其本质的一种社会活动，是人们运用科学的方法认识客观世界的过程，也是理论联系实际，正确认识社会的基本途径。理解社会调查的含义应注意以下几点：

（1）社会调查是一种对社会现象进行认识的理性活动。对社会现象的认识及深入了解，如果不是科学、理性、有意识的活动，就不能算社会调查。如一个长期生活在某一社会群体中的人，对其所处的群体有较多的了解，但都是自发的、一般的了解，这样的活动不属于社会调查。

（2）社会调查以了解和分析社会现象为目的，对社会现象的实地考察如果不是以系统了解和分析为目的，那也不属于社会调查，如艺术家深入社会生活的采风活动就不属于社会调查。

笔记栏

(3) 社会调查就是对某一社会现象进行实地考察,并对直接实地考察的资料进行分析。凡是纯粹用第二手资料来对社会现象进行研究的社会活动,如领导机关通过各种已有资料对社会现象进行研究,不属于社会调查。

社会学调查研究方法,是运用社会学及相关学科的知识,对一系列社会现象进行科学的观察、分析和研究,从而探索社会发展的规律,促进社会良性运行与协调发展。社会学研究的具体方法包括文献法、实验法、访谈法、问卷法、统计法、社会调查等。

一、文　献　法

文献法又称历史法或文件法,它是利用报刊、杂志、历史文献等各种社会信息资源,获取研究者所需要的资料,是一种间接收集资料的方法。社会学研究要善于利用文献法,以节省大量的人力、物力和时间。文献法适用于研究家庭、人口、经济、教育等社会现象。

二、实　验　法

实验法,是在一定的实验条件下,根据实验要求对研究对象进行观察、分析并得出结论的方法。实验法可分为标准实验、模拟实验和自然实验三种。

标准实验,是通过人为规定和改变实验条件,观察研究对象的变化,找出事物发展的规律。

自然实验是在自然状态下观察研究对象的变化,找出事物发展的规律。

模拟实验,是一种新的研究方法,根据研究课题的目的,模拟一定的实验场景和条件进行实验。

以上三种实验法各有特点,在实际操作过程中,要具体问题具体分析,根据不同的课题要求而采用不同的实验方法。

三、统　计　法

统计法,是运用统计学的原理和方法,采集资料并进行分析研究,从而找出社会现象的特征和规律,是一种数量分析方法。统计学是研究数据收集、整理与分析的科学,是认识社会和自然现象数量特征的重要工具。合理的统计分析能够帮助我们正确认识事物的发展规律,用科学的方法揭示一些社会现象的本质。随着科学技术的不断发展,统计学在社会学研究中的作用日益突现,并且发展了诸如社会预测、社会测量、人口统计学等社会学的分支学科。

笔记栏

四、访　谈　法

访谈法,是为达到一定的调查目的,由访问者面对面地询问被访问者,从而获取调查资料的方法。它的特点是对话形式、面对面直接交流、被访者容易被访问者诱导,所以访问者对不同的调查对象进行调查时,要在把握原则的前提下适当灵活,切忌用诱导、误导等语言,以保证调查结果的可靠性。具体要注意的是:首先主动接受统一的调查员培训,了解课题研究的基本情况,设计访问提纲;其次是上门访问时,要具备一定的心理学常识,尊重被访者,态度要谦虚和蔼,保持中立、客观,防止暗示和诱导;再者,访问时,要根据不同对象的具体情况而采用不同的访问语言,力求通俗易懂,正确表达调查的目的,以达到理想的调查结果。

访谈技巧包括:

1. 访问前的准备工作　准备好一切可用的记录工具,如录音机、照相机、纸笔等;对调查访问中可能会遇到的问题必须要有充分的心理准备,以取得被访问者的合作。

2. 进行访问　首先介绍自己的身份,或找有关被访者的领导、邻居或其他可信赖的人作引荐。要求访问者要热情、有礼貌,不失约,做必要的寒暄、真挚的感谢,注意对方的身份、称谓,提问要得体;要详细说明访问的目的,并设法造成友好的气氛;要把握住方向及主题,能避免的题外话尽量避免。必须抓紧一切时间和机会,随时记录,如果事先向被访问者说明,则名正言顺,当面记录,用录音或照相;如果没有事先说明,则应事后抓紧时间追记。时刻注意被访人的情绪变化,不要使访问为他(她)的情绪所左右,不要用刺激情感的字眼,使用的言语越简单越好,题目也不能过多,时间注意不能太长。

访谈技巧

访谈技巧是调查中确保研究目的得以实现,获得确实有用资料的一个重要因素。

接　链

五、问 卷 法

问卷法是调查者根据统一设计的调查问卷向调查对象了解情况，获取信息的一种方法。问卷法具有调查成本低、使用范围广、调查内容标准化等特点，因此，在社会调查中应用较多。

问卷调查按问卷传递方式不同分为访问问卷、发送问卷、邮寄问卷和报刊问卷等。问卷调查成功与否与多种因素有关，其中问卷设计、问卷回收是比较重要的环节。

问卷一般包括前言和正文两部分，前言是对调查目的、意义、注意事项(如回复时间)及方式等所作的解释，即告诉调查者如何填写调查表以及操作事项和注意事项。正文部分包括调查的问题和回答方式、回答的指导与说明。问卷调查的回答方式一般有两种，一种称为封闭式的，即调查对象只能在调查表设计的几个答案中选择；另一种称为开放式的，即调查对象可以自主回答问题。为了便于整理资料，调查表中的多数问题采用封闭式的，个别问题采用开放式的。问卷设计应注意：语言简单明了、准确易懂；问题的提出应先易后难、由浅入深；对不同的调查对象要注意区别；涉及敏感问题时要注意方式、方法。

问卷的回收率会直接影响调查结果。为了提高回收率，可以从以下几方面着手：首先要争取取得权威部门的支持，如由政府主管部门代收调查表，如此，回收率一般都比较高；其次，调查表的设计尽量要做到内容简短，版面清晰、美观；再者，还可以在经济许可的前提下适当给予一定的物质奖励，如送小礼品和参加抽奖等。

六、社 会 调 查

社会调查是用科学的方法收集社会信息和资料，并通过对资料的整理和分析来认识各种社会现象，对社会现象做出解释，找出其内在的联系，探求社会发展的规律。从调查规模来看，社会调查一般分为普遍调查、抽样调查、典型调查和个案调查。

(一) 普遍调查

普遍调查又称全面调查，是对调查对象总体进行逐个调查，以达到准确掌握调查总体情况的目的。普遍调查的主要优点是全面性和准确性，调查结果误差最小，精确度最高。当然，普遍调查也有一定的局限性，普遍调查一般涉及范围广，耗费的人力、物力、财力巨大，持续的时间也很长，所以在社会学调查中应用不多。普遍调查主要用于重大项目的调查，如全国人口普查等。我国的全国人口普查，每一次都动用了大量的人力、物力、财力，第一次人口普查动员了200万人参加，第二次人口普查动员了530万人参加，第三次人口普查动员了710万人参加，第四次人口普查动员了700万人参加。

(二) 抽样调查

抽样调查是从总体对象范围内抽取部分对象进行的调查。抽样调查应具备两个特点：一是遵循随机的原则，避免调查者的主观选择，保证总体中每个对象都有同等可能被抽中；二是从样本的调查结果来推断总体。抽样调查的关键是要抽取能够代表总体的样本。抽样调查的主要优点是节省人力、物力、财力和时间，其主要缺点是存在抽样误差，减少抽样误差的主要办法是严格按随机原则抽样以增加样本对总体的代表性。抽样调查是社会学调查中广泛应用的方法之一。

随机抽样具体有四种方法：

1. 简单随机抽样 是抽样中最基本、最简单的方法，是利用随机原理在总体中直接抽取一定数量的样本，主要适用于某一特征分布均匀的总体和范围较小的总体。具体方法是，先将总体中的所有对象逐一进行编号，然后用随机表或抽签的方法来取得单位数。

2. 等距随机抽样 又称系统抽样，是在调查总体中按等距原则抽取样本的一种方法。具体方法是，先将总体编上号码，然后确定间隔距离。间隔距离是根据总体单位数和样本数的比例而确定的。如单位总体数为1 000，需要样本数为100，则总体被分成100个间隔，每个间隔距离为10。接着在某个间隔中抽取一个单位，根据这一单位在这一间隔中的位置，把每一间隔中处于相同位置的单位抽出来作为样本。等距抽样要尽量避免因事物周期性特征而产生的抽样误差。

3. 分层随机抽样 又称分组抽样，是先按某一个与研究目的有关的标志对总体进行分组，然后从各组中按随机原则进行抽样的一

笔记栏

种方法。在各组中的抽样，既可以按定比原则抽样，也可以按异比原则抽样。如调查某医学院学生的情况，要从4 000个学生中抽取400个作为样本进行调查。我们可以从五个年级中每个年级按10%抽取样本，即分层定比抽样；也可以从一至三年级按5%抽样，四、五年级按6%抽样，即分层异比抽样。

4. 多段随机抽样 也称整群抽样。这种抽样方法不是直接抽取样本个案，而是把总体分成若干聚类，再以聚类为抽样单位。如我们要调查某市的学生学习情况，可以从某市全部28个区县中随机抽取六个区县，再从六个区县所属的240所学校中随机抽取500个班级，再从这500个班级里随机抽取200名学生进行调查。多段随机抽样对总体大、单位多、情况复杂的调查对象特别适合。

（三）典型调查

典型调查是在对总体有一定了解的情况下对其中某些有代表性的典型个体进行有目的、有计划的调查，并用这些典型对象的资料来认识和分析调查对象总体的一种方法。毛泽东曾形象地称典型调查法为“解剖麻雀”。很多政府工作调查通常也用典型调查法。通过典型调查能较快地了解事物的状况，推断事物发展的一些规律，因此不失为一种较好的调查方法。但典型调查受调查者主观意识的影响较大，不能做到科学地定量分析，典型调查的实际对象与总体之间总会存在一定的差异，因此，推断结论时必须慎重，并且在目前，典型调查结论的使用范围很难用科学手段来准确测定，所以典型调查在社会学应用过程中有一定的局限性。

（四）个案调查

个案调查是把调查对象当做一个整体进行分析研究，对其中的内部联系、发展过程及发展规律进行长期的研究。这个“整体”可以是一个人、一个家庭、一个社会群体、一个社会机构、一个社区、一个民族乃至一个社会等。个案调查的目的是要通过对个案的分析来推论同类事物发展的一般规律。个案调查的优点是可以深入调查、全面解剖，能够综观调查对象的变化过程，调查时间也较为灵活，基于这些优点，人类学家对个案调查使用得较多。但个案调查也存在着一些缺点，如：对研究者的知识水平、各方面的能力要求较高；个案调查的典型性、代表性很难把握，通过个案调查分析来推论同类事物发展的一般规律还有一定的局限性。因此，个案调查的运用范围也有一定的限制（图7-1）。

案例7-1 从2005年底的抽样调查数据看国情

2005年底全国1%人口抽样调查显示，我国人口发展的特点主要体现在以下六个方面：

1. 人口总量平稳增长 2000年11月1日第五次全国人口普查以来，我国人口增加了4 050万人，增长3.2%。年均增加809万人，年均增长率为0.63%。2005年底我国总人口达到13.07亿人。

2. 流动人口继续增加 与2000年相比，我国的迁移流动人口从1.44亿增加到1.47亿人，增加了296万人。调查同时显示，这5年间人口流动基本上保持了一种平稳增加的态势，表明近年来人口流动趋于理性化。在近1.5亿的迁移流动人口中，跨省流动的有4 779万人，占迁移流动人口的1/3，比2000年增加了500多万人。人口流动仍然主要表现为以近距离的省内流动为主，占迁移流动人口总量的2/3。

3. 老龄化进程明显加快 2005年底，我国65岁及以上老年人口首次超过1亿人，占全国总人口的7.69%；60岁及以上的人口为1.44亿人，占全国总人口的11.03%。我国老龄化社会的特征更为明显。

4. 城市化快速推进 2005年底，我国城镇人口已达5.62亿人，占总人口的43%，比上年提高1.24个百分点。近5年，我国城镇化率年均提高1.3%左右，城市化水平快速推进。但与发达国家相比，我国城镇化水平仍然很低，制约着国民经济的快速增长和全面小康社会的实现进程。

5. 人口素质进一步提高 调查表明，我国具有初中及以上各种受教育程度人口继续保持增加态势，人口受教育程度的结构重心逐步上移，国民整体受教育程度进一步提高。2005年，全国具有大专及以上文化程度的人口已达到6 764万人，比第五次全国人口普查时增加了2 193万人，增幅高达48%，是各种受教育程度人口中增长最快的。

6. 出生人口性别比偏高 出生人口性别比居高不下。2005年全国出生人口性别比略高于2000年人

笔记栏

口普查数据,出生婴儿男女性别比例失调。有效遏制出生人口性别比偏高的问题,已经迫在眉睫。

据介绍,此次调查涉及345个地市的540万户、1 700多万人。国家统计局有关负责人表示,这次人口抽样调查的结束意味着2010年第六次全国人口普查筹备工作即将开始。

问题 通过案例分析你认为社会调查有哪些作用?

社会学调查研究方法也称为社会调查,社会调查是社会学研究的最基本的方法。掌握正确的社会调查方法,可以使我们从科学的角度观察事物及认识事物发生发展的一般规律,促进社会良性运行和协调发展。社会学的研究程序依次为准备阶段、实施阶段、总结阶段;社会学研究的具体方法包括文献法、实验法、访谈法、问卷法、统计法、社会调查等。在具体应用过程中,以取得最好的调查效果为目的,根据不同的调查类型、不同的调查内容的需要而采用不同的调查方式,尽量做到理论联系实际,用最合适的方法进行社会调查。

小结

目标检测

一、名词解释

社会调查

二、简答题

1. 社会学研究的程序是什么?
2. 社会学调查有哪些方法?

三、问卷例题

运用问卷等方法对本校学生的读书状况、道德状况、学习(学风)状况、人际交往状况、消费状况、就业情况、上网状况、恋爱状况以及贫困生状况作一调查,总结出调查结果:

您好!感谢您接受本次问卷调查!本调查旨在研究当今大学生上网行为及态度,并采用匿名制,承诺对您填写的内容进行保密,希望您可以据实填写!

大学生上网行为及态度问卷

性别:__男__ 年龄:__26__ 年级:__硕士研究生一年级__

填写日期:__2006年5月2日__

专业性质:人文类__√__ 理工类______ 金融类______ 农林类______ 计算机类______

户籍来源:城市__√__ 城镇______ 农村______

1. 我第一次对上网感兴趣是在__D__
   A. 半年以内　B. 半年至1年　C. 1~3年　D. 3年以上
2. 我第一次上网距现在已经有__D__
   A. 半年以内　B. 半年至1年　C. 1~3年　D. 3年以上
3. 我上网主要做的活动有(可多选)__CD__
   A. 学习:如看新闻、查阅论文、网络选课、网上查分等
   B. 交易:如网上购物、投递简历、应聘、接受远程教育等
   C. 交流:如聊天交友、访问校友录、收发邮件、书写及浏览博客等
   D. 娱乐:如下载MP3、在线游戏、在线观看电影及电视剧等
   E. 其他:如热衷于编程、做黑客等(敬请注明)
4. 我上网主要是因为(可多选)__DE__
   A. 从众:如看到大家都去就跟着去了等
   B. 好奇:如听别人说上网很有意思想体验一下等
   C. 逃避:如感到烦时或生活缺少动力时就去上网等
   D. 发泄:如在网上可以随意宣泄自己的不满及愤怒等
   E. 其他:如打发时间等(敬请注明)______
5. 我觉得自己在网上更容易敞开心扉与人交谈__C__
   A. 从不　B. 偶尔　C. 经常　D. 一直
6. 我喜欢网上交流的速度和方式,觉得网上交流便利__C__
   A. 从不　B. 偶尔　C. 经常　D. 一直
7. 我有网上结识的朋友圈,如QQ好友、论坛好友等__C__
   A. 从来没有　B. 为数不多　C. 与现实生活中差不多　D. 热衷于网上交友
8. 我认为自己有能力使用在线服务,在操作等各方面都比一般人熟练__D__
   A. 从不　B. 偶尔　C. 经常　D. 一直
9. 我在网上会把自己装扮成他人,如改变姓名、性别、年龄等__B__
   A. 从不　B. 偶尔　C. 经常　D. 一直
10. 我在网上观察过别人在聊天室或论坛上的谈话,并且曾经参与过__B__
    A. 从不　B. 偶尔　C. 经常　D. 一直
11. 我更加喜欢在线交流而不是面对面交流__B__
    A. 从不　B. 偶尔　C. 经常　D. 一直
12. 我连续上网的最高记录是__B__
    A. 5小时以下　B. 5~10小时

笔记栏

C. 10~20 小时　　D. 20 小时以上

13. 我过去 1 周内每天上网时间都超过了 4 小时__A__
A. 是的　B. 没有

14. 我在不上网的时候还会想着网络上的内容__B__
A. 从不　B. 偶尔　C. 经常　D. 一直

15. 我会因为不能上网而感觉无聊和焦虑__B__
A. 从不　B. 偶尔　C. 经常　D. 一直

16. 我希望自己的上网时间能比目前的要长__A__
A. 从不　B. 偶尔　C. 经常　D. 一直

17. 我每次上网的时间会超出预期__C__
A. 从不　B. 偶尔　C. 经常　D. 一直

18. 我告诉自己不能再去上网了,但无法自控__B__
A. 从不　B. 偶尔　C. 经常　D. 一直

19. 我曾经因为上网而逃课或放弃一些重要的事情__B__
A. 从不　B. 偶尔　C. 经常　D. 一直

20. 我曾经向家长、老师、同学或朋友隐瞒过上网的事实__B__
A. 从不　B. 偶尔　C. 经常　D. 一直

21. 我曾经因为上网而与家长、老师、同学或朋友发生过冲突__B__
A. 从不　B. 偶尔　C. 经常　D. 一直

22. 我会借助上网来摆脱困扰、抑郁、无助和焦虑等不良情绪__B__
A. 从不　B. 偶尔　C. 经常　D. 一直

23. 我觉得上网对于我的正常生活和学习__C__
A. 影响不大　B. 利大
C. 弊大　D. 利弊均衡

24. 我觉得自己对于上网可能已经上瘾了__B__
A. 从不　B. 偶尔　C. 经常　D. 一直

25. 我经常上网的地点是__B__
A. 网吧　B. 宿舍　C. 学校机房　D. 家里

26. 我平均每周上网总时间为__C__
A. 7 小时以下　B. 7~14 小时
C. 14~28 小时　D. 28 小时以上

27. 我上网首先打开的是__B__
A. QQ 或 MSN 等聊天工具
B. 邮箱、博客或个人主页等
C. 购物、娱乐、新闻、校友录等一些常用网站
D. 在线游戏

28. 我在网上经常交流的对象是__A__
A. 家长、老师、同学或朋友
B. 陌生人
C. QQ 好友、论坛好友等
D. 在线游戏的合作者

29. 我觉得自己在网上比现实生活中表现得更外向__B__
A. 从不　B. 偶尔　C. 经常　D. 一直

30. 我觉得自己在网上比现实生活中表现得更真实__B__
A. 从不　B. 偶尔　C. 经常　D. 一直

31. 我更加喜欢网络上表现出来的自己__C__
A. 从不　B. 偶尔　C. 经常　D. 一直

32. 我认为上网成瘾会造成一些严重的后果__D__
A. 从不　B. 偶尔　C. 经常　D. 一直

33. 我认为容易上网成瘾的人一般具有以下特点或特征(可多选)__AC__
A. 现实生活中可能不尽如人意,上网获得一种满足或者逃避
B. 除了上网以外,干其他事情容易疲劳
C. 心里无法抗拒,矛盾。上网以后后悔,但下次还是控制不了
D. 生活规律被打乱,身体状况下降
E. 有群体效应,经常是几个人一起泡网

34. 我认为判断是否上网成瘾应根据以下标准__ABC__
A. 时间长短
B. 心理依赖
C. 自控程度

笔记栏

第 8 章 社会互动与社会和谐

学习目标

1. 解释社会互动的含义及类型
2. 简述社会主义和谐社会的基本含义和特征
3. 明确构建社会主义和谐社会的原则及主要措施

人的社会关系必须通过社会互动才能形成，无论是个人的社会化，还是社会角色的扮演，都是以社会互动为基础的，正是在互动的基础上人类才一层层地建筑起整个社会。社会互动是人类进入社会的惟一途径，个人在与他人、群体和社会产生社会互动关系时，就产生了社会网络。

第 1 节 社会互动

一、理论及形式

互动是日常生活中最基本、最普遍的现象。因为在日常生活中个人的大部分行为都与他人发生联系，如与人打招呼、与朋友交谈、谈生意、谈工作等，这些行为都指向他人，行动者也希望别人做出相应的反应。即使没有他人在场，我们的许多行为也与别人相关，如回忆刚才遇到的事情、体会别人的评价、计划以后的工作等。这种社会交往过程就是社会互动，又称为社会相互作用。

(一) 含义

社会互动指社会上个人与个人、群体与群体之间通过信息的传播而发生的相互依赖性的社会交往活动。可以从以下几个方面来理解社会互动的含义：

(1) 社会互动必须发生在两个或两个以上的人之间，一个离群索居的人不能互动。

(2) 个人之间、群体之间只有发生了相互依赖性的行为才存在互动，并不是任何两个人的接近都能形成社会互动。

(3) 社会互动以信息传播为基础。如果没有信息的交流，互动双方不理解，互动就无法进行。人们在交往互动过程中交流信息、思想和情感。

(4) 社会互动并不是非要在面对面的场合下才能发生。有时人们虽然远隔万水千山，却可以通过信件、书籍、互联网、电话等手段进行信息交流，形成社会互动。

(5) 社会互动总是在特定的情境下进行的，同一行为在不同的时间、不同的场合具有不同的意义。

(二) 理论

对于互动，许多社会学家、社会心理学家都进行广泛、深入的研究，最有代表性的社会互动理论主要有以下几种。

1. 符号互动理论 它的代表人物乔治·H·米德把自己的观点称为社会行为主义，他强调人的思维和意识是在行动过程中产生的，这些行动是互相联系、互相依赖的。符号互动论特别注意符号沟通问题。所谓符号，指能够有意义地代表其他事物的事物，是传播意识的一种意愿标志。如声音、语言、文字、手势、表情等都是符号。符号沟通是将人从动物界区别开来的主要标志。人类有思维能力，只有当互动的双方都能确定和理解各自的处境，能够进行符号沟通时，才能顺利地进行社会互动。

符号互动论关于社会互动的基本观点：①符号在人们的社会互动过程中起着重要的中介作用。人与人的互动式运用符号进行的，是符号互动。②人的行为是有意义的行为。要理解某个行为，就要对行动者赋予其活动的意义做出解释。③意义不是固定不变的东西。一方面，意义的确定有赖于互动的背景和情境。另一方面，在某种程度上，意义是在互动过程中通过双方的协商而确定的。④在互动

笔记栏

过程中,人们往往通过扮演他人的角色,从他人的角度来解释其思想和意向,并以此为根据来指导自己的行为。⑤在互动过程中,人们往往从自己所认识到的他人对自己的态度和看法之中来认识自己,形成并修改自我概念。

当代符号互动论的两个主要派别

以米德的学生布鲁默为首的芝加哥学派注重用人文科学方法来研究互动过程。他们认为人的行为是无法预测的、非决定性的,互动是一个角色创造的过程。因此他们主张用生活史、自传、日记、信件等作为研究材料,采用个案研究、非结构式访问、参与观察等方法来阐释互动过程的独特性质。以库恩为首的衣阿华学派主张用实证主义方法来研究互动结构。他们认为人的行为是被其地位、角色所决定的,根据个体的参照群体,可以预测其自我评价,并进而预测其行为。互动是一个角色扮演的过程。这一学派提倡用问卷或态度量表来测量人们的自我概念,试图将互动理论操作化。

链 接

2. 拟剧理论 主要代表人物为戈夫曼,他采用戏剧分析的方法,从印象管理的角度来解释人们社会互动的特点。他认为,生活就是演戏,表演者最关心的是留给观众什么样的印象,个人行为的目的是为了控制自己留给互动另一方的印象。他的理论主要研究人们运用哪些技巧来在别人心目中创造印象,所以又称为"印象管理理论"。这一理论认为,互动的一方总想控制对方的行为,使对方通过对自己行为的理解,做出符合自己计划中的行为反应。印象管理理论着眼于互动技术方面的研究。

戈 夫 曼

戈夫曼曾担任过美国社会学学会主席,出版了《日常生活中的自我呈现》、《日常接触》和《公共场合中的行为》等著作。在戈夫曼看来,社会生活就是一个剧院,每一个社会情境都可以看作是一个戏剧舞台,照本宣科的行动者在这舞台上照本宣科地表演着真实生活的戏剧。

链 接

笔记栏

所谓印象管理,就是人们如何在他人心目中塑造一个自己所希望的形象的策略。印象管理是戈夫曼拟剧论的实质。他提出的印象管理策略主要有:

(1) 理想化表演。表演者要掩饰那些与社会公认的价值、规范、标准不一致的行动,而努力表现出与社会公认的价值、规范、标准相一致的行动。因此,理想化表演本身,就意味着一定程度的掩饰。

(2) 误解表演。也就是使别人产生错觉,得到假印象的表演。

(3) 神秘化表演。也就是与别人保持一定的距离,从而使别人产生一种崇敬心理。

(4) 补救表演。表演过程中的无意动作、失礼、当众吵闹等意外情况的发生,会导致表演的不协调,出现这种情况就需要补救表演。

戈夫曼运用戏剧语言对人们之间的相互交往进行的社会学分析,充分肯定了社会体系这一剧作者及其剧本期望对表演者的决定性作用,也即承认社会结构对个人行动的制约性。

3. 社会交换论 社会交换论形成于20世纪50年代初,主要代表人物有霍曼斯、布劳和埃默森。这一理论着眼于人们在社会生活中的相互交往关系,认为社会互动的实质是人们交换酬赏和惩罚的过程。交换行为不仅存在于市场关系之中,而且存在于包括友谊、爱情在内的多种社会关系之中。社会交换论涉及的内容非常丰富,这里只介绍几个有关的命题。

(1) 成功命题。一个人的某种行动越是经常得到报酬,这个人就越愿意从事该行动。

(2) 刺激命题。如果某特定刺激的出现曾成为一个人行为得到酬赏的原因,那么现在的刺激越是同过去的相同,这个人就越有可能采取这种行动或与此类似的行动。

(3) 价值命题。一行动对某人越有价值,那么他越有可能采取该行动。

(4) 剥夺-满足命题。某人在近期内越是经常的到某一特定酬赏,随后而来的同样酬赏对他来说就越没有价值。

(5) 侵犯-赏同命题。当某人的行为没有得到预期的酬赏或者得到了未估计到的惩罚时,他将会被激怒并可能采取侵犯行为,所预期的结果变得更有价值;当某人的行为获得了期望的酬赏甚至大于期望的酬赏,或者未遭受预料中的惩罚时,他会很高兴,并可能采取赞同行为,该行为的结果也变得更有价值。

上述命题中所提到的酬赏是个人在与他人的交往中所得到的收获,包括金钱、社会赞同、尊重和服从四类。他们的价值依次增高,最有价值的酬赏是他人的服从,即控制他人的权力。

(三) 形式

社会互动的形式是多样的,可以从不同角度进行分类。如果以是否需要中介为标准,可以把社会互动分为直接互动和间接互动。根据互动的方向为标准,可以把社会互动分为单向互动和双向互动。社会互动还可以根据互动的性质来划分,主要包括交换、合作、竞争、冲突和强制。下面主要探讨这五种社会互动形式。

1. 交换 是互动双方自愿相互换取资源的互动方式。社会交换具有三个基本特征:

(1) 交换双方必须拥有对方希望拥有的多余的资源。如果一方拥有对方需要的资源,而另一方没有,交换就无法进行。双方都把自己的多余资源出让给对方,以便从对方获得自己缺少的其他资源。

(2) 交换的进行通常采取自愿原则。交换双方资源的转移是为了满足彼此的需要,这种转让有时会立即得到对方的回报,有时会隔一段时间。但双方在得到对方的资源后,都必须将自己的多余资源转让出去作为回报。

(3) 交换双方必须保持交换资源价值对等。要使交换进行下去,回报的资源应尽可能与得到的资源价值相近。如果付出的资源与得到的资源价值相差甚远,就会妨碍交换的顺利进行,甚至可能使交换中断。

社会交换的资源不仅限于实物形式,还包括服务、信息、地位、爱慕等非实物形式。一般认为,金钱的特殊性最小,爱慕的特殊性最大;商品和服务较为具体,地位和信息较为抽象。当然,这些资源之间的交换有些比较容易实现,有些则比较困难。例如,地位与爱慕之间的交换就要比商品与爱慕之间的交换容易进行。

2. 合作 是个人或团体和谐的工作,相互配合,彼此协作,达成共同目标的行为模式。合作是互动双方相互配合以达到共同目标的社会互动形式,这些目标通常是无法通过单方面的努力实现的。所有的社会组织的存在都是以一定社会成员之间的相互合作为基础的,社会本身也一样,它依赖于各社会组织的相互合作。一般认为成功的合作应具备以下条件:

(1) 目标一致。合作双方具备共同的目标是合作的前提,只有目标相同才能在行动中相互配合。

(2) 行动配合。为了实现共同的目标,需要借助于具体的行动方案。

(3) 相互信任。成功的合作还依赖于相互信任,如果相互猜疑,不讲信用,合作双方就会发生冲突,中断合作。

(4) 共享成果。双方希望合作是因为仅靠一方的努力无法实现目标,如果合作的一方意识到即使目标实现也无法分享利益,就会退出合作。

合作的类型:以是否直接面对面地合作为标准可把合作分为直接合作和间接合作;以合作的形式为标准可把合作分为结构性合作和非结构性合作;按性质分类可把合作分为自然合作、传统合作、指导合作和协约合作。自然合作是当时的环境和条件的需要使双方自愿相互配合,共同努力实现目标。这种合作完全出于双方自愿,是自然发生的。传统合作是合作双方根据传统习惯的要求相互合作。指导合作是合作双方在第三者的指导下相互合作。协约合作是现代社会常见的一种合作形式,合作双方根据有关责任和权利的协约相互合作,通常在合作前双方已明确各自的责任和权利。有时虽没有书面协约,但双方都清楚各自的责任和权利(图 8-1)。

图 8-1 合作

3. 竞争 是合作的反向互动方式,指双

笔记栏

方争夺共同希望获得的利益的行为。竞争具有以下四个特点：

(1) 竞争的双方必须有一个共同的目标。竞争的目标可以是物质利益，也可以是精神追求。

(2) 竞争的结果只能是一方或一部分人获胜。如果双方都能实现目标，或者都无法实现目标，竞争就不会发生。

(3) 竞争的目的在于实现自己的目标。虽然竞争中的一方会因另一方的成功而失败，但这是竞争本身的特点，竞争双方并不直接形成对抗和排斥的关系。一旦把对抗和排斥作为主要目标，竞争就会变成冲突。

(4) 竞争双方必须遵守一定的规则。这样才能保证竞争的顺利进行(图 8-2)。

图 8-2 竞争

根据竞争目标的性质，可以把竞争分为经济竞争、政治竞争、文化竞争、地位竞争和爱情及配偶竞争等。按照参与竞争的人数，可把竞争分为个人竞争和团体竞争。按照竞争所起的作用，竞争又可分为积极竞争和消极竞争。竞争者在竞争中要增强自己的力量，树立自己的优势，才能战胜对方。通常使用的方法有以下几种：

(1) 破坏法。通过削弱对方的力量来树立自己优势。因此，竞争者在竞争中常使用种种方法来诋毁对方，破坏对方的信誉，削弱他的地位，使条件对他不利，从而为自己获胜创造条件。

(2) 宣传法。利用人们的社会心理，或投其所好，或煽动感情，以引起人们的注意，提高自己的优势。广告是常用的方式。

(3) 改革法。这是一种建设性的方法，在竞争中搞好内涵建设，增强实力，树立优势，战胜对方，或保存自己。如社会改良、技术革新、经营管理的改革等。

(4) 专业化法。在竞争中能够扬长避短，充分发挥自己的优势，以己之长比人之短。专科医院、专卖店就是走的这条路。

4. 冲突 指双方为了某种利益或价值观念而产生的相互排斥、伤害、剥夺甚至毁灭的互动方式。社会冲突的直接原因是人们的权益、观点和态度的对立。冲突的根本原因是在于社会存在着不平等现象。

冲突的主要目的是打败对方，使对方的力量受到损害，从而剥夺对方的机会。相对于合作，冲突的注意力主要集中在敌对方而不是目标。冲突有时是公开的，有时是隐蔽的，但都表现为一种直接的对立关系。冲突双方通常在价值观念和利益上相差甚远，有时可能表现为严重的对立，带有明显的敌对情绪。

冲突的种类多种多样，按规模划分，可分为个人冲突和群体冲突；从冲突内容的性质来看，可划分为经济冲突、政治冲突、思想冲突、文化冲突、宗教冲突、种族冲突和民族冲突；以冲突的阶级性质为标准，不同性质的冲突对社会发挥着不同的作用(图 8-3)。

图 8-3 冲突

冲突与竞争

冲突与竞争有着密切联系，但也有区别，两者的相同点，都是反对的互动方式，都是公开的行为。有些冲突与竞争很难分开，有些竞争还很容易发展为冲突。但是冲突与竞争还是存在着区别：①冲突必须直接接触，竞争则不一定要直接接触；②冲突带有情绪上的敌对，有的冲突双方甚至有刻骨的仇恨，而竞争则不一定有情绪上的敌对；③冲突双方力的作用方向是互相反对、打击的，而竞争却不一定如此；④冲突的根源是个人或集团间在利益、意见和态度方面的根本对立，而竞争则不一定存在着利益、意见和态度的根本对立。

5. 强制 指互动的一方强迫另一方按照自己的意愿行动的互动方式。强制通常表现为外部强制力的使用，如通过体罚、处分、监禁等手段迫使对方按照自己的意愿行动。有时强制也会表现得非常隐蔽，如信仰、恐惧、尊敬等都会导致遵从行为，只是行动者一般体会不到强制的因素。

强制通常具有以下几个特点：

第一，强制双方的力量不对等，一方明显强于另一方。如果较弱的一方拒绝较强的一方的要求，较强的一方就会对较弱的一方施加压力，迫使对方按照自己的要求去做。

第二，无论较强一方施加压力的方式是明显还是隐蔽的，较弱的一方都会感受到某种压力。

第三，力量较弱的一方虽然感受到压力，但无法选择互动方式，因为强制互动方式本身不具有选择性。强制是一种非常普遍的互动方式，它存在于多种社会关系中。各种规章制度对人们的强制限制，一些具有国家法律意义的强制，都属于此类互动。

二、影响社会互动的因素

影响社会互动的因素很多，概括起来，可以分为社会和个人两大方面，个人和社会因素同时影响社会互动。

(一) 个人因素

1. 个人需要 是个人行为动机的基础，是个人感到缺少什么并希望得到满足的内心主观状态。个人需要就其本质来说是在社会互动中产生的，是直接促使并维护个人行动的原因。

2. 情境定义 人类对外界的刺激不是本能地做出反应，而是在行为发生之前通常经历一个思考的阶段。通过思考，人类可以了解自己所处的环境状况，理解别人行为背后的意义，从而确定自己所应采取的行动。这个过程被美国社会心理学家托马斯称之为情境定义。例如，对"笑"的理解，如果认为它表示友善，人们通常也会报以善意的微笑；如果认为它暗藏嘲讽，人们就会做出不同的反应。

(二) 社会因素

个人之间的社会互动总是处于一定的社会文化环境中，社会不仅提供互动所必须依赖的共同价值观念、语言符号和社会结构等，而且还提供互动的具体条件——社会化。

1. 共同的价值观念 人的社会互动需要对行为意义的理解，有关行为意义的理解是以一定的社会文化为基础的，它要通过共同的价值标准才能做到。

2. 社会结构 人们在社会互动中按照一定的规则进行，超越规则是不受鼓励的，甚至还会受到惩罚。社会结构对互动的影响是导性的，通常并不具体规定该怎么做，个人可以根据自己的理解和环境的要求具体设计自己的行动方案。

3. 社会关系 指人与人之间的各种社会联系。个人之间的社会互动受到社会关系的影响，不同的家庭、朋友、工作岗位会使个人选择不同的互动方式。社会关系影响个人的观念和选择，它是信息和资源的主要来源。

三、构建良性互动的医患关系

医患关系是互动关系，双方有一个的共同目标就是要战胜疾病、减少痛苦、保障健康和生命安全。医患之间必须建立互相信任、互相尊重、互相理解、互相帮助的和谐关系(图8-4)。

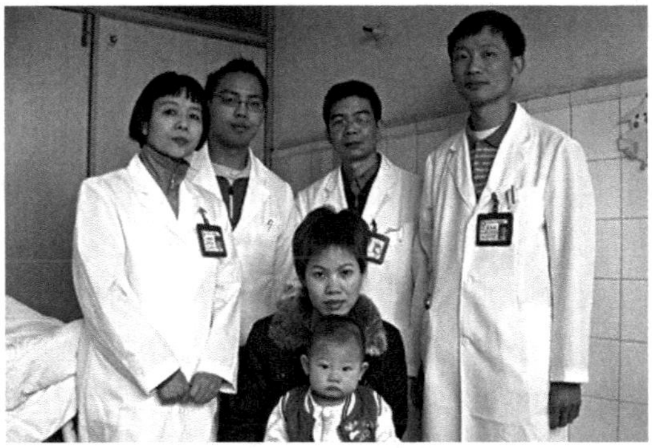

图 8-4 良好互动的医患关系

(一) 医患关系现状及原因

当前，从总体上看，医患关系是基本和谐之中存在着局部的不和谐；和谐是主流，不和谐是支流。医患关系紧张，彼此缺乏信任，不能相互理解，医疗纠纷增加，是医疗服务中一个比较突出的问题，必须加以解决。

笔记栏

（二）导致医患关系紧张的主要原因

（1）我国的医疗卫生事业发展严重失衡，有限的医疗资源过度集中在大城市和大医院。由于农村卫生机构和小医院条件差、水平低、群众不信任，城乡居民患大病小病，都希望到大医院找名大夫去看，客观上造成了供需失衡。小医院门可罗雀，大医院人满为患；小医院服务不足，大医院负荷过重。群众对大医院信任度高、期望值大，但由于供需关系失衡，患者在挂号、排队、看病、取药、住院等方面，可能会有一些不满意的地方。而医生由于负担重、压力大，加班、加点，如果再得不到患者的理解，也会有一些不冷静的情绪，有时就会造成医患关系紧张。

（2）医疗机构的管理体制和运行机制导致医生和患者存在难以避免的经济利益冲突。现在，医生的工资福利待遇、医院的生存发展基本上都靠创收解决。医生要增加收入，患者就会增加负担；而要减轻患者负担，医生就会减少收入。这是体制机制造成的医患矛盾。在战胜疾病问题上，医生和患者的目标是一致的，而在经济利益上，医患双方确实又存在着冲突。有些医生过分看重个人或医院利益，忽视了群众利益，甚至发生损害群众利益的行为。这里面有医生个人的思想和道德问题，但主要是体制机制上的原因。

（3）医患之间缺乏理解和沟通。患者得病，承担着生理、心理和经济上的三重负担，特别希望得到医生的同情和帮助。有些医生对患者面临的困难缺乏必要的体谅和关爱，就可能引起患者的不满和误解。而患者对医生的辛苦、医疗的风险和医学技术的局限性也缺乏应有的信任和理解。一些患者认为，自己住到医院花了钱，医生就应该治好他的病，治不好就是医生的责任。实际上，医疗服务与其他领域服务有很大的不同，其中一个显著特点在于，医疗服务是一个具有探索性、实践性、风险性的工作，由于人体存在着客观差异，即便医生尽职尽责，对相同的病采取同样的规范治疗方法，也可能出现不同的结果。即使在医学飞速发展的今天，国内外一致承认医疗确诊率也只有70%左右，各种急重症抢救成功率在70%~80%左右，相当一部分疾病原因不明、诊断困难，甚至有较高的误诊率、治疗无望。需医患双方相互鼓励，共同承担医疗风险。有的患者花了很多钱，但未能达到期望的治疗效果，就容易迁怒于医生。

笔记栏

（4）受社会诚信体系不健全和一些舆论的错误导向的影响，患者产生对医护人员的不信任感。医患之间缺乏信任与理解，不能换位思考。部分医护人员不能设身处地替患者着想，而是较多地考虑医疗机构和自身的利益。而患者对医护人员也缺乏理解，不了解医学的复杂性，导致医患关系紧张。加上部分媒体对医疗事故、医疗纠纷反复报道，个别媒体为追求轰动效益，在报道中不顾事实夸大其词，甚至歪曲报道，恶化了医患关系。

案例 8-1　医患关系紧张，媒体、患者、医护工作者各有说法

2006年5月11日，国家卫生部在全国医院管理年工作会议上，坦承目前医患关系紧张，医疗纠纷增加。患者与医生都表示自己是受害者，那么，到底是谁恶化了医患关系？

这里有来自不同的声音：

（1）"哈尔滨天价医疗费事件"一度被媒体广泛报道，其最后的调查结果是，医院违规收费的金额是20.7万余元，与当初媒体报道的500万元实为"天价"式差异。对此，卫生部新闻发言人在5月10日的新闻发布会上提出质疑："我想问媒体，应该做何解答，应该给受众一个解释，报道的证据是从哪儿来的？"

（2）一位医生感慨：某患者看病时，居然带着录音笔、摄像机，将医生的一言一行都录了下来，以便随时"对簿公堂"。他说，患者把医生当成了潜在的起诉对象，做个医生真的太难了。

中国医师协会"医患关系调研报告"显示：74.29%的医师认为自己的合法权益得不到保护，而认为当前执业环境"较差"和"极为恶劣"的分别达到47.35%和13.28%。

（3）中国社会问卷调查结果显示，67.4%的受访者认为医生的声望在下降。

从现实来看，绝大多数普通医生正在受着多重煎熬：生存压力、患者情绪、职业良心等。其实，医生并非都是"回扣"和"红包"的受益者。据一位业内人士讲，作为一名普通医生，红包、回扣并不是想拿就拿。就算存在这些现象，也只有医院中极少数的业务骨干和科室主任才能拿到数额可观的红包或回扣。

（4）2005年底，在"影响小康进程的十大焦点问题”调查中，医疗改革以71.08%的投票率名列首位，43.57%和27.61%的网民对目前的医患关系表示“很不满意”和“不太满意”。

我国医疗体制在改革过程中，暴露出诸多问题。比如，公立医院被要求承担公益的职责，但又得不到足够的财政投入，许多公立医院艰难前行。最终，“以药养医”成了大多数医院的不二选择，而对于这一情况，政府部门又缺乏有效的遏制措施，导致药价昂贵。

问题 根据案例所述，你认为：

(1) 我国当前医患关系现状如何？

(2) 导致医患关系紧张的原因有哪些？

(3) 你认为自己能为促进医患关系良性互动做些什么？

四、促进医患关系良性互动，构建和谐医患关系

构建和谐医患关系是系统工程，需要政府、医院、医护人员、患者、社会各界的共同努力。

1. 政府对卫生事业要加快发展，加强管理

(1) 加大政府在社会医疗保险方面的投入，尽快扩大覆盖面，提高群众抵御医疗风险的能力。调整医疗服务发展结构，优先发展农村和城市社区卫生事业，集中财力，把贴近群众、能够为群众提供质优价廉医疗服务的基层卫生机构建设好，解决群众的基本医疗需求。

(2) 深化医药卫生管理体制机制改革，逐步消除医生与患者之间的经济利益冲突。

(3) 推进医疗卫生事业的科学发展，扩大医疗服务供给，缓解医患双方的供需矛盾。

(4) 加强对医护人员的思想道德教育，忠诚为患者服务，加强医疗服务的监管，严肃查处损害人民群众利益的行为。

(5) 处理问题必须坚持依法维护医患双方的利益。首先，要把维护人民群众的利益放在第一位，努力保障群众能够享受到安全、廉价、方便、有效的医疗服务；同时，也要维护医生的合法权益和合理收入，为医生创造良好的执业环境和服务环境。

(6) 鼓励社会资源投资公益事业，多渠道办医，形成有序竞争的局面，提高服务质量。

2. 医疗机构要坚持为人民健康服务的办院宗旨，责无旁贷地维护人民群众的利益 建立和完善医患沟通制度，就是要以患者为中心，不断深化改革，转变服务理念，提高医疗质量，千方百计减轻群众负担。

3. 医护人员要尊重患者，理解患者 每位医护人员步入医学的殿堂时，都曾经用希波克拉底誓言和南丁格尔誓言要求和勉励自己：“将患者的健康和生命放在首位……，为患者的安康而贡献终身……。”医护人员是治病救人的使者，也是服务者，要转变服务理念，尊重和维护患者的知情权和选择权，体恤患者的痛苦，同情患者的困难，尊重患者的意愿，努力让患者获得最佳的治疗效果。要多与患者进行一些感情沟通，多给患者一些人文关爱，多替患者着想，并尽其所能减轻患者的痛苦。

4. 患者要信任和理解医护人员 医疗活动具有高技术、高风险的特点。由于医学的极端复杂性，人类尚不能完全掌握对付各类疾病的办法，即便对于很多常见疾病，在治疗中也会有发生意外的可能。患者应体谅医护人员的辛苦和困难。

5. 媒体要加强正面宣传报道 加强医疗卫生知识宣传教育，引导患者正确认识医疗服务的特点和规律，尊重医生的辛勤劳动，学会用法律维护权益，理性处理可能出现的医疗纠纷，自觉维护医疗服务秩序。坚持正确导向，结合卫生行业的特点，加大正面宣传力度。要集中宣传报道各地涌现出来的、在构建和谐医患关系方面的先进典型事例。

总之，构建和谐的医患关系是一项长期的任务和复杂的系统工程，要做到：①加快卫生事业发展，解决供需矛盾。②医患双方加强理解，各方加强沟通，促进良性互动。

第2节 社会和谐

一、和谐社会

“和谐社会”是一个古已有之、中西共同共有的理念。在中国古代，和谐社会就是理想的大同社会。在古希腊，和谐是美的重要特征。现代意义的和谐社会是社会各成员、群体、阶层、集团之间相处融洽、协调，人与人之间相互尊重、信任和帮助，人与社会和谐共处的可持续发展的社会。即和谐社会就是一个

笔记栏

良性运行和协调发展的社会，是社会良性互动的状态和结果。

和谐是中国特色社会主义的本质属性，是国家富强、民族振兴、人民幸福的重要保证。构建社会主义和谐社会，是我们党以马克思列宁主义、毛泽东思想、邓小平理论和“三个代表”重要思想为指导，全面贯彻落实科学发展观，从中国特色社会主义事业总体布局和全面建设小康社会的全局出发提出了重大战略任务，反映了建设富强、民主、文明、和谐的社会主义现代化国家的内在要求，体现了全党、全国各族人民的共同愿望。

要构建社会主义和谐社会，是在中国特色社会主义道路上，中国共产党领导全体人民共同建设、共同享有的和谐社会。社会主义和谐社会应该是一个体现社会主义本质的社会，是一个能够不断地解放生产力、发展生产力的社会，是一个消灭了剥削、消除两极分化，人们能够共同占有生产资料、平等相处、民主协商、自由发展的社会，是一个人民群众通过自己的辛勤劳动最终走向富裕的社会。

二、社会主义和谐社会的基本特征

“民主法治、公平正义、诚信友爱、充满活力、安定有序、人与自然和谐相处”是构建社会主义和谐社会的总要求。这一总要求，是我们党根据马克思主义基本原理和我国社会主义建设的实践经验，根据 21 世纪新阶段我们经济社会发展的要求和我国社会出现的新趋势新特点提出来的，阐明了社会主义和谐社会的基本特征。

(一) 民主法治

民主法治就是社会主义民主得到充分发扬，依法治国基本方略得到切实落实，各方面积极因素得到广泛调动。

民主反映了人类政治文明发展的大趋势。其功能是要监督和制约公共权力，调整社会利益关系，保持社会矛盾的平衡，达到长治久安。从这个意义上讲，民主是现代和谐社会最重要的元素。

社会主义和谐社会所要求的民主，是社会主义国家的基本特征，也是社会主义制度优越性所在。社会主义制度能否得到巩固和发展，在很大程度上取决社会主义国家民主政治的制度化、规范化和程序化水平。

笔记栏

中国特色的民主政治，即党的领导、人民当家作主和依法治国三位一体的民主政治结构。中国共产党的领导，是中国特色社会主义民主政治的首要特征，是人民当家作主和依法治国的根本保证。人民当家作主是社会主义民主政治本质要求。依法治国是党领导人民治理国家的基本方略，是完善党的领导和实现人民当家作主的基本途径。在当代中国，无论是党的领导还是人民当家作主，都必须在法制范围内实行，都必须严格依法办事，任何组织和个人都不允许有超越宪法和法律的特权。

党的领导、人民当家作主和依法治国是一个相互紧密联系的统一整体，是中国特色社会主义民主政治结构和实践模式。

在党的领导下，逐步扩大人民群众的政治参与，依法实行民主决策、民主管理、民主监督的参与式的民主政治模式，正在实践中不断发展。参与式民主，既保证了党的领导地位不动摇，又为人民当家作主提供具体的实现途径，较好地将党的领导和人民当家作主在法制的轨道上有机结合起来，并能广泛调动各方面的积极因素。

(二) 公平正义

公平正义就是社会各方面的利益关系得到妥善协调，人民内部矛盾和其他社会矛盾得到正确处理，社会公平和正义得到切实维护和实现。

公平和正义是社会文明进步的重要标志。机会平等是社会公平与正义的重要体现，是实现社会和谐至关重要的条件。和谐社会保证社会成员的基本权利，保证他们享有大致相同的发展机会，保证他们都能够接受教育，都能够平等地参与竞争、社会生活，都能够依靠法律和制度维护自己的合法权益，形成合理、和谐、融洽的人际关系，形成讲诚信、讲道德、讲法制、讲秩序的行为规范。在社会主义和谐社会里，各阶层之间相互开放，流动机制不断完善，只要社会成员具备相应能力，就有机会按照自己的意愿得到相应的社会位置。公平和正义必然是社会主义和谐社会的核心价值取向和基本特征。

公平正义首要的内容，就是必须提供平等的竞争机会，使参与市场竞争活动的主体，在整个竞争活动过程中都享有完全平等的权利，履行完全平等的义务，不能因主体间的差别而存在特权现象。

社会主义和谐社会所需要的公平正义，其核心内容就是利益分配平等。所谓“利益分配平等”不是搞平均主义，它具有较大的弹性，主要是一种利益相对平衡的状态。利益分配的高低差别只要是在整个社会能够普遍接受的限度内，都可以算做利益分配的“平等”状态。利益分配平等应该包括两层次的内容：①利益的初次分配以按劳分配为主要形式，其他分配同时并存。②社会利益的再分配，要以防止贫富悬殊和社会两极分化为目的，把人们之间的收入差距控制在社会普遍接受的合理范围之内。这两个方面有着同等重要的意义，必须有效配合，不能分主次。

社会主义和谐社会所需要的公平正义，其本质内容就是能有效地促进剥削的消灭和两极分化的消除，以最终实现全民的共同富裕。

社会主义和谐社会所需要的公平正义，应该是完全符合社会主义基本道德原则和道德精神要求的，也就是说这种公平观不与社会主义基本道德原则和道德精神相背离或抵触，即不仅要考虑到个人与个人、集体与集体之间的公平关系，还要考虑到个人与集体、个人与国家之间的公平关系。

（三）诚信友爱

诚信友爱就是社会互帮互助、诚实守信，全体人民平等友爱、融洽相处。一个和谐的社会，必须是一个诚信友爱的社会。诚信友爱，是和谐社会的精神内核。古人把诚心与爱心称之为人的道德之心。人与人之间关系的和谐程度，决定着社会的质量，决定着社会发展的方向。人与社会也好，人与自然也好，最终都由人与人的关系所决定。人与人之间诚信友爱，就会形成发展社会与自然的共识，就会齐心协力解决来自社会与自然的挑战。诚信友爱，是社会的凝聚剂。有了诚信友爱，相互间就容易消除隔阂，开展正常交往。在和睦相处的情况下，就能保持社会公共生活的安定有序，并维护人民大众共同的整体利益。因此，诚信友爱不仅是和谐社会里做人的准则，也是和谐社会里做事的基本准则。这就要求我们围绕树立以“八荣八耻”为主要内容的社会主义荣辱观，大力加强公民道德建设，广泛开展社会公德、职业道德、家庭美德教育，实施诚信建设工程，强化全社会的诚实守信意识，推进社会信用体系建设(图 8-5)。

图 8-5　诚信友爱

八荣八耻：以热爱祖国为荣、以危害祖国为耻，以服务人民为荣、以背离人民为耻，以崇尚科学为荣、以愚昧无知为耻，以辛勤劳动为荣、以好逸恶劳为耻，以团结互助为荣、以损人利己为耻，以诚实守信为荣、以见利忘义为耻，以遵纪守法为荣、以违法乱纪为耻，以艰苦奋斗为荣、以骄奢淫逸为耻。

社会公德的主要内容：文明礼貌、助人为乐、爱护公物、保护环境、遵纪守法。

家庭美德的主要内容：尊老爱幼、男女平等、夫妻和睦、勤俭持家、邻里团结。

人际关系的主要内容：家庭和睦、邻里融洽、尊老爱幼、扶贫济困、礼让宽容。

诚信建设工程主要内容：政务诚信、商务诚信、社会诚信。

接链

（四）充满活力

社会主义和谐社会应当是一个充满活力的社会，是创造活力得到充分激发的社会。要激发全社会的创造活力，就要使一切有利于社会进步的创造愿望得到尊重，创造活动得到支持，创造才能得到发挥，创造成果得到肯定。就是要尊重劳动、尊重知识、尊重人才、尊重创造。

笔记栏

在充满活力的和谐社会，工人、农民、知识分子推动经济社会发展根本力量的作用将得到充分的发挥，其他社会各方面人员为经济社会发展积极贡献力量和积极性将被普遍激发；发达地区、优势产业和先富群体的发展活力既可得到很好的保护，欠发达地区、比较困难的行业和群众的发展愿望也会得到高度重视和支持。一切积极因素得到最广泛最充分的调动，各行各业人们的创造活力得到充分激发，社会的开放进步的创造愿望得到尊重，放手让一切劳动、知识、技术、管理和资本的活力竞相迸发，让一切创造社会财富的源泉充分涌流，使全体人民各尽所能、各得其所而又和谐相处。

（五）安定有序

安定有序就是社会组织机制健全，社会管理完善，社会秩序良好，人民群众安居乐业，社会保持安定团结。

安定有序是和谐社会的首要标志。安定有序包括两个方面的层次：①从宏观结构上来看，安定有序即指政治、经济、文化以及意识形态的稳定和有序。②从微观结构上来看，安定有序即指政治、经济、文化、环境等内在结构的各个要素的相互协调和交融。社会主义和谐社会所体现出来的重要特点，就是在全面建设小康社会的过程中的宏观结构与微观结构的各要素的稳定和协调。

安定有序是和谐社会的基本元素。这就要求我们从战略高度审视和解决转型时期的各种社会矛盾，进一步健全正确处理人民内部矛盾的工作机制。加强社会管理体制的建设和创新，完善社会管理体系和政策法规，整合社会管理资源，建立健全党委领导、政府负责、社会协同、公众参与的社会管理格局，推动建立政府调控机制同社会协调机制互联、政府行政功能同社会自治功能互补、政府管理力量同社会调节力量互动的社会管理网络，形成对社会进行有效覆盖和全面管理的体系。

（六）人与自然和谐相处

人与自然和谐相处就是生产发展、生活富裕、生态良好。三者内涵不同而又联系密切。生产发展是实现生活富裕的条件，离开发展，富裕无从谈起；生活富裕是发展的目的，脱离这个目的，发展就失去了意义；而保持良好的生态环境，则是实现生产发展和生活富裕所必须坚持的前提和不可缺少的保证。

笔记栏

生态良好应该包括两个方面：①人类可以持续不断从自然获取自己所需要的物质，而同时努力增强自然的再生产能力，保持其原有的生态环境，不让其恶化。②自然源源不断地提供人们所需要的物质，更多地赐福于人，而不是频降灾难。生态良好是人与自然和谐的基础。

构建社会主义和谐社会，就要正确处理生产发展、生活富裕、生态良好之间的关系。坚持按照自然规律办事，更加科学地利用自然为人们的生活和社会发展服务，坚决禁止各种掠夺和破坏自然的做法，着力调整经济结构、转变经济增长方式，加快建设资源节约型、环境友好型社会，保证一代接一代地永续发展（图 8-6）。

图 8-6　人与自然和谐相处

建设资源节约型、环境友好型社会（简称节约型社会）目的是提高资源利用效率，减少污染物排放和促进可持续发展。通过运用综合措施，使资源从生产到消费的各环节都得到合理的配置与高效、综合、循环利用，使不可再生资源、能源得到有效保护和替代，使污染物产生量最小化并使废弃物得到无害化处理，实现发展与环境的双赢以及人与自然的和谐。建设节约型社会是对可持续发展三大支柱——经济、社会、环境的全面支撑。

接链

三、到 2020 年，构建社会主义和谐社会的目标和主要任务

《中共中央关于构建社会主义和谐社会

若干重大问题的决定》指出，2020年构建社会主义和谐社会的目标和主要任务：社会主义民主法制更加完善，依法治国基本方略得到全面落实，人民的权益得到切实尊重和保障；城乡、区域发展差距扩大的趋势逐步扭转，合理有序的收入分配格局基本形成，家庭财产普遍增加，人民过上更加富足的生活；社会就业比较充分，覆盖城乡居民的社会保障体系基本建立；基本公共服务体系更加完备，政府管理和服务水平有较大提高；全民族的思想道德素质、科学文化素质和健康素质明显提高，良好道德风尚、和谐人际关系进一步形成；全社会创造活力显著增强，创新型国家基本建成；社会管理体系更加完善，社会秩序良好；资源利用效率显著提高，生态环境明显好转；实现全面建设惠及十几亿人口的更高水平的小康社会的目标，努力形成全体人民各尽其能、各得其所而又和谐相处的局面。

四、途　　径

要实现这一重大任务必须做到：

（一）抓住重点

解决人民群众最关心、最直接、最现实的利益问题。以人为本，关注民生，是我们党的执政理念。“共建共享”的社会主义和谐社会必须急群众之所急，想群众之所想，办群众之所需，倾听群众呼声，体察群众疾苦，反映群众述求，把着眼点放在爱民、富民、安民、乐民上，着力解决人民群众关心的食品药品安全、医疗服务、教育收费、居民住房、就业再就业等民生问题，这就是人民群众最关心、最直接、最现实的问题。胡锦涛总书记在十七大报告中指出：加快推进以改善民生为重点的社会主义建设。①发展教育，建立人力资源强国；②实施扩大就业的发展战略，促进创业、带动就业；③深化收入分配制度改革，增加城乡居民收入；④加快建立覆盖城乡居民的社会保障体系；⑤建立基本全民医疗制度，提高全民健康水平；⑥完善社会管理，维护社会安定团结。还要最大限度地实现、维护、发展好广大人民群众的根本利益，包括他们的政治利益、经济利益、文化利益及社会利益，和谐社会要靠全社会共同建设。

（二）把握好着力点

1. 发展社会事业　中国特色社会主义是经济建设、政治建设、文化建设与社会建设全面协调发展的社会。社会事业发展水平直接关系着最广大人民群众的根本利益，不仅是经济持续发展的必要条件，经济、政治、文化建设的成果最终都要通过社会建设的成果惠及群众。构建社会主义和谐社会，必须坚持以经济建设为中心，同时要把社会建设放在更加突出的位置，以社会更加和谐来保证经济又快又好发展。

2. 促进社会公平　公平正义是人类追求美好社会的永恒话题。社会主义社会更应公平正义。只要切实维护和实现社会公平正义，各方面的社会关系才能协调，人们的积极性、主动性、创造性才能充分发挥，社会才能和谐稳定。构建社会主义和谐社会，必须逐步建立和完善以权力公平、规则公平、分配公平为主要内容的社会公平保障体系，切实保障人民在政治、经济、文化、社会等方面的权利和利益，让全体人民共享改革发展的成果。

3. 建设和谐文化　坚持马克思主义在意识形态的指导地位，坚持社会主义先进文化的前进方向，弘扬民族优秀文化传统，借鉴人类有益文明成果，倡导和谐精神，进一步形成全社会共同理想信念和道德规范。

4. 完善社会管理　社会主义和谐社会应该是管理完善、安定有序的社会。随着我国工业化、城镇化、市场化、国际化的加快推进和经济体制、社会结构、利益格局、思想观念的深刻变化，社会管理面临许多新情况、新问题，社会管理的主体、对象、观念、目的、内容、手段、方法等都发生了很大变化，社会管理的难度越来越大，人民群众对社会管理的要求越来越高，社会管理的能力和水平还不能完全适应新形势、新任务的要求。构建社会主义和谐社会必须把完善社会管理作为一项重要而紧迫的任务来抓，通过创新社会管理体制，整合社会管理资源不断提高社会管理水平。

5. 增强社会创造力　社会主义和谐社会是充满创造力的社会，是人的积极性、能动性、创造性得到充分发挥的社会。全体人民各尽其能、各得其所、各展其长，全社会的创造能量充分释放，创新成果不断涌现，创造活动蓬勃

笔记栏

开展，是社会主义和谐社会的基本特征和内在要求。构建社会主义和谐社会必须把增强社会创造力作为重要着力点，大力弘扬解放思想、实事求是、与时俱进的精神，全面贯彻尊重劳动、尊重知识、尊重人才、尊重创造的方针，最广泛、最充分地调动一切积极因素积极推进理论创新、制度创新、科技创新、文化创新和其他方面的创新，使我国的经济发展始终充满蓬勃的创造活力。

(三) 坚持六大原则

1. 以人为本 始终把最广大人民的根本利益作为党和国家一切工作的出发点和落脚点，实现、维护与发展好最广大人民的根本利益，不断满足人民日益增长的物质文化需要，做到发展为了人民、发展依靠人民、发展成果由人民共享，促进人的全面发展。

2. 科学发展 切实抓好发展这个党执政兴国的第一要务，统筹城乡发展、区域发展、经济社会发展、人与自然和谐发展及国内发展和对外开放，转变增长方式，提高发展质量，推进节约、清洁与安全发展，实现经济社会全面协调可持续发展。

3. 改革开放 坚持社会主义市场经济的改革方向，适应社会发展要求，推进经济体制、政治体制、文化体制、社会体制改革和创新，进一步扩大对外开放，提高改革决策的科学性、改革措施的协调性，建立健全充满活力、富有效率、更加开放的体制机制。

4. 民主法治 加强社会主义民主政治建设，发展社会主义民主，实施依法治国基本方略，建设社会主义法治国家，树立社会主义法治理念，增强全社会法律意识，推进国家经济、政治、文化、社会生活法制化、规范化，逐步形成社会公平保障体系，促进社会公平正义。

5. 正确处理改革发展稳定的关系 把改革的力度、发展的速度和社会可承受的程度统一起来，维护社会安定团结，以改革促进和谐，以发展巩固和谐，以稳定保障和谐，确保人民安居乐业、社会安定有序、国家长治久安。

6. 在党的领导下全社会共同建设 坚持科学执政、民主执政、依法执政，发挥党的领导核心作用，维护人民群众的主体地位，团结一切可以团结的力量，调动一切积极因素，形成促进和谐人人有责、和谐社会人人共享的生动局面。

笔记栏

(四) 统筹协调好各方面关系

要构建社会主义和谐社会必须统筹协调好各方面关系，化解矛盾，减少和避免冲突。

1. 当前存在影响社会和谐的突出矛盾和问题及其产生的原因 城乡、区域、经济社会发展很不平衡，人口资源环境压力加大；就业、社会保障、收入分配、教育、医疗、住房、安全生产、社会治安等方面关系群众切身利益的问题比较突出；体制机制尚不完善，民主法制还不健全；一些社会成员诚信缺失、道德失范，一些领导干部的素质、能力和作风与新形势的要求还不适应；一些领域的腐败现象仍然比较严重；敌对势力的渗透、破坏活动危及国家安全和社会稳定。这些问题如果处理不好，会严重影响经济社会发展、社会和谐稳定和全面建设小康社会的大局。这些矛盾和问题产生的原因为以下几个方面：

(1) 经济社会发展中的一些长期的结构性矛盾和不平衡问题。例如，城乡之间和地区之间的发展差距，是中国长期发展的过程中形成的，并非改革开放以后才出现的。而且，城乡发展的二元结构问题，在很多发展中国家都存在。改革开放以来，为了加快发展，我国采取了从沿海到内陆的逐步扩大对外开放的政策，鼓励一部分人先富起来，走共同富裕的道路。在这个过程中，区域发展差距有所扩大。另外，在工业化快速推进的过程中，城市化的速度也大大加快，城市面貌发生了巨大变化，而与此同时，由于我国人多地少，户均耕地只有 0.5 公顷，农民家庭经营很难形成规模效益，农业生产的比较收益较低，加之在教育、医疗、社会保障等方面的差距，城乡之间的福利差距约有六倍。

(2) 体制改革过程中因体制、机制不完善而产生的问题。在体制改革的过程中，一些旧的体制被打破，而新的体制的完善需要一个过程，另外体制改革也是一个利益调整的过程，必然会带来各种这样那样的利益矛盾。例如在国企改制中的资产处理、下岗职工补贴、征地拆迁补偿、复转军人安置、水利工程移民安置等方面也会因为体制不完善、工作不到位而产生各种人民内部矛盾和利益纠纷。

(3) 在经济快速发展中因社会发展相对滞后而带来的问题。随着我国经济的快速发展，人民群众的物质文化需求也不断提高，经济和社会发展一条腿长、一条腿短的问题更加突出，社会发展相对滞后带来矛盾增多。如就业问题依然严峻，群众对看病贵、上学难、上学贵等问题意见较大，一部分家庭出现因病致贫、子女教育费用负担过重的问题。在社会保障方面，社会保障体系目前还不健全，社会保障覆盖面小，部分群众生活仍然困难。人民群众对改善生态环境的要求也越来越高，而生态环境恶化的趋势还没有完全遏制。

2. 现阶段存在影响社会和谐的各种社会矛盾和社会问题 错综复杂，制约着经济社会发展，而且严重影响社会的和谐稳定，我们应更加积极主动地正视矛盾、化解矛盾，最大限度地增加和谐因素，不断地促进社会和谐。因此，应抓好以下工作：

(1) 统筹协调各方面利益关系。协调社会利益关系，实现以利益调节为核心的社会整合，建立健全正确反映和兼顾不同方面群众利益均沾的长效机制；适应我国社会结构图和利益格局的发展变化，抓紧建立健全四个机制。

1) 建立健全利益协调机制。在当前经济体制、社会结构、利益格局、思想观念深刻变动的历史条件下，要坚持把不断改善人民生活作为正确处理改革发展稳定的结合点。正确把握最广大人民群众的根本利益、现阶段群众的共同利益和不同群体的特殊利益的关系，统筹兼顾个人利益和集体利益、局部利益和整体利益、当前利益和长远利益，妥善照顾各方面群众的关切。统筹协调不同地区、不同阶层、不同行业、不同群体的利益关系，促进各方面群众互利共赢、共同发展。

2) 建立健全诉求表达机制。当前，各种利益矛盾冲突增多，影响社会稳定的群体性事件频发。一些群众信访难、维权难，人民群众特别是困难群众利益表达渠道不畅通，人民群众利益表达渠道缺失。因此，必须从制度建设入手，拓宽社情民意的表达渠道，搭建多种形式的沟通对话平台，逐步把群众的利益诉求纳入制度化、法制化的轨道。

3) 建立健全矛盾调处机制。影响社会和谐稳定的问题大都发生在基层，维护社会和谐稳定的难点、重心均在基层，要维护和确保社会和谐稳定，必须在强化基层和谐稳定的机制。创新基层维护社会和谐稳定的机制，健全舆情汇报和分析机制，完善矛盾纠纷排查调处工作制度，建立党和政府主导的群众维权机制，逐步把矛盾纠纷调处工作的重点转移到事前预防和事中控制上来。充分发挥调解工作在化解矛盾纠纷中的重要作用。

4) 建立健全权益保障机制。从人民群众最关心、最直接、最现实的利益问题入手，着力解决土地征用、城市拆迁、环境污染、企业改组改制和破产中群众反映强烈的突出问题，着力解决群众上学难、上学贵、看病难、看病贵、住房难、住房贵等问题。必须准确把握维护群众利益和维护社会稳定的结合点、平衡点，积极预防和妥善处置由各种人民内部矛盾引发的群体性事件。

各项工作，都要统筹协调各种利益关系，都要充分考虑社会的承受程度，避免引发剧烈的社会动荡。都要广泛听取基层群众、基本群众的意见，充分考虑不同阶层、不同群众的利益；都要找准人民群众长远利益和现实利益的结合点，找准最大多数人的共同利益与不同阶层、不同群众具体利益的结合点，决不能顾此失彼。

(2) 充分运用调解的办法缓解化解矛盾纠纷。调解可分为人民调解、行政调解、司法调解。把人民调解、行政调解和司法调解有机结合起来，统筹、整合各种调解资源，妥善化解矛盾纠纷，符合我国的基本国情。

第一，当前，人民群众日益增长的司法需求与司法能力不相适应的矛盾成为我国目前司法工作的基本矛盾。如果大量的社会矛盾都转移到司法领域，司法机关是难以承受的。要把人民调解、行政调解和司法调解有机结合起来，建立高效、便捷、成本低廉的矛盾纠纷调处机制，充分发挥调解在化解矛盾纠纷中的积极作用。

第二，实现人民调解、行政调解和司法调解有机结合和相互衔接，把各种矛盾纠纷化解在基层，解决在萌芽状态。

第三，实现人民调解、行政调解和司法调解有机结合和相互衔接，充分发挥我国政治优

笔记栏

势，最大限度地缓解社会冲突、减少社会对立。目前，我国各级人民调解组织每年调解矛盾纠纷高达600多万件。在长期的工作实践中，人民调解形成了平等协商、互谅互让、不伤感情、成本低、效率高的特点，是正确处理人民内部矛盾、妥善化解利益冲突的有效途径和方法。

（3）正确认识和妥善处理各种人民内部矛盾引发的群体性事件。当前，我国社会大局保持稳定，但是由人民内部矛盾引发的群体性事件面广、量大，已经成为当前严重影响社会稳定的突出问题，成为境内外敌对势力、敌对分子对我进行渗透颠覆捣乱破坏活动的一个新的“突破口”。群体性事件呈现出一些新动向、新特点。①重大群体性事件接连发生，涉及面越来越广；②在一些群体性事件中，出现经济问题政治化的趋向；③暴力对抗程度明显增强，处置中稍有不慎就有可能酿成流血事件；④境内外敌对势力、敌对分子千方百计地插手、利用群体性事件，企图煽动、制造动乱。

我国重大群体性事件之所以多发、高发，是我国改革进入攻坚阶段、发展处于关键时期各种社会矛盾和社会问题的集中反映。人民内部矛盾引发的群体性事件呈现多发、高发的态势，在一定情况下其规模、程度还有可能会进一步加剧。应充分认识当前群体性事件的复杂性、严峻性，充分认识预防、处置群体性事件工作的重要性、紧迫性，居安思危，切实增强忧患意识，进一步加强和改进群体性事件预防、处置工作，不断提高预防、处置群体性事件的工作水平。

预防和处置群体性事件的过程，实际上是做群众工作的过程。要时刻牢记群众利益无小事的道理，始终把群众的安危冷暖放在心上，设身处地地为群众着想，积极主动地为群众排忧解难，特别要千方百计地帮助下岗职工、失地农民、库区移民、农民工、城镇和农村贫困人口等解决生产生活中的实际问题和困难，决不能采取简单粗暴的态度和方法压制群众，激化矛盾。针对当前一些地方群体性事件接连发生的情况，深入组织开展矛盾纠纷的大排查工作，力争把群众心理、社会心态搞清楚，把可能引发群体性事件的重点人群搞清楚，对可能引发群体性事件的苗头，对排查出来的不稳定因素特别是重大不稳定因素，限期解决问题，及时消除隐患。

积极预防和妥善处置群体性事件，必须切实做好现场处置工作，有效控制情势、平息事态。精心做好宣传教育和舆论引导工作，为预防和处置群体性事件营造良好的氛围。引导群众学法、守法、用法，讲权利、讲义务、讲责任，既依法维护自身的合法权益，又自觉履行法律规定的义务，并自觉用法律规范自己的行为。

人是社会的人，互动是日常生活中最基本、最普遍的现象。互动的形式是多样，作用不尽相同，良性互动推动社会的发展。和谐社会是人类从古至今的共同追求，更是社会主义的本质特征。社会主义和谐社会有其自身的特点和要求，“共建共享”是其本质。构建社会主义和谐社会需要不断化解矛盾，协调社会各方面关系，促进整个社会的良性互动。

小结

目标检测

一、名词解释

1. 社会互动 2. 和谐社会

二、简答题

1. 社会互动的形式有哪些？
2. 社会主义和谐社会的主要特征是什么？
3. 构建社会主义和谐社会的原则是什么？

三、思考题

如何促进医患关系的良性互动？

笔记栏

参考文献

安东尼·吉登斯.2003.社会理论与现代社会学.北京:社会科学文献出版社

范明林,庞树奇.2000.普通社会学理论.上海:上海大学出版社

风笑天.2004.社会学导论.武汉:华中科技大学出版社

何雪松.2002.社会学视野下的中国社会.上海:华东理工大学出版社

江泽民.2002.全面建设小康社会:开创中国特色社会主义事业新局面.北京:人民出版社

李芹.2004.社会学基础.济南:山东科学技术出版社

林鹏,钟宜.2000.社会学概论.北京:科学出版社

刘崇峰.1998.社会学基础.北京:人民卫生出版社

刘献君等.1987.社会学.北京:科学技术文献出版社

陆学艺.2000.当代中国社会阶层研究报告.北京:社会科学文献出版社

王思斌.2003.社会学教程.北京:北京大学出版社

吴增基,吴鹏森,苏振芳.2001.现代社会学.上海:上海人民出版社

徐新.2005.发展社会学.上海:上海大学出版社

易益典等.2000.社会学教程.上海:上海人民出版社

张敦福.2001.现代社会学教程.北京:高等教育出版社

张克荣.1991.社会学.北京:群众出版社

郑杭生.2003.社会学概论新修.第3版.北京:中国人民大学出版社

社会学基础教学基本要求

（22学时）

（一）课程性质及任务

社会学基础是中高职卫生职业院校的必选课程，也是其他各专业的选修课程。社会学是把社会当作一个整体来研究的综合性学科。

本课程的主要内容有社会学原理、社会群体与社区、社会分层与社会流动、社会制度与社会变迁、社会问题及社会控制，以及社会学调查研究方法等，教学任务是使学生了解社会学的基本原理，用社会学的知识来调整自己的一般行为。

在教学过程中，要以马克思列宁主义、毛泽东思想、邓小平理论和“三个代表”重要思想及科学发展观为指导，紧密联系实际，通过讲授、自学、讨论、社会调查案例分析等方式，晓之以理，导之以行，不断提高教学效果，以达到使学生了解社会、认识社会从而更好地融入社会的目的。

（二）课程教学目标

1. 知识教学目标

（1）了解社会学的基本概念和基本原理。

（2）阐述个体与社会的基本关系。

（3）理解社会问题的产生及基本控制方法。

（4）了解社会变迁的原因和社会发展的基本方向。

2. 能力培养目标

（1）能够认清个体在社会中的位置和作用。

（2）能对社区进行分类，掌握在社区服务的基本知识和能力。

（3）提高运用社会学基本知识分析和解决现实问题的能力。

（4）能运用社会调查的一般原理和方法，进行初步社会调查，为做好社会工作服务奠定基础。

3. 思想教育目标

（1）通过学习和实践，培养个人在集体中的团队精神、协作能力，建立个人对家庭和社会的责任意识。

（2）通过学习和实践，不断提高自身的素质，增强辨别是非的能力，努力做一名合格的社会成员。

（三）教学内容和要求及学时分配建议

本课程分为基础模块和实践模块，模块内容及学时分配建议等具体内容见下表。

基础模块

教学内容	教学要求		
	了解	理解	掌握
一、绪论			
（一）社会学的含义及研究对象			
1. 社会学的含义			
2. 社会学研究的对象			
3. 社会学研究的特点			
（二）学习、研究社会学的意义			
1. 普及社会学知识，提高社会成员的整体素质			
2. 为政府部门和人民团体培养专业人才			
3. 在经济和社会发展方面为党和政府决策提供科学依据			
4. 在加强学科自身建设上具有重要意义			
（三）学习、研究社会学的方法和正确态度			
1. 自觉地以马克思主义、毛泽东思想、邓小平理论和“三个代表”科学的发展观为指导			
2. 坚持理论联系实际			
3. 认真地进行社会调查			
二、人的社会化			
（一）人的社会化			
1. 社会化的定义			
2. 社会化的必要性			
3. 社会化的可能性			
（二）社会化的内容			
1. 基本生活技能			
2. 社会规范			
3. 生活目标			
4. 社会角色			

续表

教学内容	教学要求			教学内容	教学要求		
	了解	理解	掌握		了解	理解	掌握
（三）人的社会化的基本过程				2. 类型			
1. 未成年人的社会化				3. 功能			
2. 成年人的继续社会化				（二）社会变迁			
3. 再社会化				1. 定义			
4. 社会化的特点				2. 类型			
（四）人的社会化的途径				3. 原因			
1. 家庭对个人社会化的影响				（三）社会现代化			
2. 学校在社会化中的价值				1. 内容			
3. 同伴群体与人的社会化				2. 中国社会现代化			
4. 工作单位与人的社会化				3. 全球化与中国社会现代化			
5. 大众传播媒介对社会化的作用				六、社会问题及社会控制			
（五）社会化与个体发展				（一）社会问题			
1. 个体的形成与发展				1. 含义			
2. 人的个性差异和表现				2. 基本特征			
三、社会群体与社区				3. 研究社会问题的意义			
（一）社会群体				4. 类型及产生的根源			
1. 定义及特征				5. 中国面临的主要社会问题			
2. 地位及功能				6. 解决社会问题的一般途径			
3. 类型				（二）社会控制			
（二）初级社会群体				1. 社会控制的含义			
1. 定义及特征				2. 舆论控制的含义、特点及心理控制的形式			
2. 主要类型				3. 概述越轨行为和犯罪的社会控制			
（三）社区				七、社会学调查研究方法			
1. 一般概念				（一）社会学研究的程序			
2. 基本要素				1. 准备阶段			
3. 分类				2. 实施阶段			
（四）社区服务与社区的发展				3. 总结阶段			
1. 社区服务				（二）社会调查的理论和具体方法			
2. 社区卫生服务				1. 文献法			
3. 社区服务对社区发展的影响				2. 实验法			
四、社会分层与社会流动				3. 统计法			
（一）社会分层				4. 访谈法			
1. 定义及根源				5. 问题法			
2. 社会分层的标准				6. 社会调查			
（二）我国现阶段的社会分层				八、社会互动与社会和谐			
1. 社会分层的社会作用				（一）社会互动			
2. 我国现阶段进行社会分层研究的意义				1. 社会互动的理论及形式			
3. 我国现阶段的社会分层				2. 影响社会互动的因素			
4. 正确沟通和协调不同社会阶层之间的关系				3. 构建良性互动的医患关系			
（三）社会流动				4. 促进医患关系良性互动，构建和谐医患关系			
1. 基本类型				（二）社会和谐			
2. 影响和制约因素				1. 和谐社会的基本含义			
3. 合理的社会流动及其在我国社会发展中的作用				2. 社会主义和谐社会的基本特征			
五、社会制度与社会变迁				3. 到2020年，构建社会主义和谐社会的目标和主要任务			
（一）社会制度							
1. 定义与特性							

实践模块

教学内容		教学要求		
		会	掌握	熟练掌握
社会问题及社会控制	1. 选定社会调查题目 2. 设计表格 3. 抽样调查 4. 分析调查结果			
社会学调查研究方法	1. 查阅人口普查资料 2. 估算出2005年中国60岁以上人口占总人口的大致比例 3. 分析人口老龄化对医护人员提出的要求 4. 总结做好老年护理工作为社会承担的重大责任			

学时分配建议

章节序号	教学内容	学时数		
		理论	实践	合计
1	绪论	2		2
2	人的社会化	2		2
3	社会群体与社区	4		4
4	社会分层与社会流动	2		2
5	社会制度与社会变迁	2		2
6	社会问题及社会控制	2		4
7	社会学调查研究方法	2	2	4
8	社会互动与社会和谐	2		2
机动			2	
总计		18	4	22